T0076916

CONTENIDO

LO QUE TODO PASTOR DEBE SABER DE SU LÍDER DE JÓVENES

La misión de Editorial Vida es ser la compañía líder en satisfacer las necesidades de las personas, con recursos cuyo contenido glorifique a Jesucristo y promueva principios bíblicos.

Lo que todo pastor debe saber de su líder de jóvenes
Edición en español publicada por
Editorial Vida -2013
Miami, Florida

Edición: *Silvia Himitian*
Diseño de interior: *CREATOR studio.net*
Ilustración: *José Traghetti*

ISBN: 978-0-8297-5975-4

CATEGORÍA: Ministerio cristiano / Jóvenes

IMPRESO EN LOS ESTADOS UNIDOS DE AMÉRICA
PRINTED IN THE UNITED STATES OF AMERICA

HB 06.22.2023

Dedicatoria

A Jorge Ibarbalz, Julio López y Juan Carlos Ortiz, tres pastores con quienes aprendí a pastorear.

PRÓLOGO

Faltaban pocos días para que se realizara la *10ª Convención Internacional de Liderazgo Juvenil*, en la sede de la Sociedad Rural Argentina de Buenos Aires. Lucas quería que yo fuera uno de los expositores en el Súper Foro que trataba el tema de las características de la iglesia de hoy. Así que un mediodía me invitó a comer, y de esa manera pudimos conversar.

Él me comentó la forma en que ese movimiento tan extraordinario, conducido por líderes juveniles, había crecido en estos años, y cuáles eran sus planes para el futuro. Me animó a que participara de aquella convención, ya que sería la última de ese tipo a realizarse en nuestra ciudad. Yo tenía otro compromiso para la fecha, y además ciertos temores. Como decimos en Argentina, no quería «quedar pegado» a Lucas. Era la primera vez que podía charlar en profundidad con él y tenía el prejuicio que algunos me habían transmitido acerca de su persona.

Para algunos líderes, Lucas era una suerte de «tirabombas revolucionario». Así que durante la charla, traté de discernir su corazón, y descubrir si de verdad esa percepción que yo tenía de él era fundada, o se trataba meramente de un prejuicio.

Hoy, obviamente, tengo un concepto muy diferente. Creo que Lucas es un Josué. Como todos sabemos, Josué fue uno de los 12 espías que inspeccionaron la tierra prometida.

Él y Caleb fueron los únicos que desataron fe para creer que aquella tierra sería de ellos. Y también los únicos dos que entraron a la Tierra Prometida, porque el resto del pueblo no quiso cambiar.

Lucas es un espía de la tierra del futuro. Él puede ver lo que a muchos de nosotros nos cuesta. Cuando nos confronta con la realidad presente, y sobre todo con lo que viene, no lo entendemos mucho. Cuando nos muestra la necesidad de hacer cambios y nos presenta nuevas formas de llevar a cabo la misión, el culto, y sobre todo de ministrar a los jóvenes para poder captarlos, como a Josué, nos pueden dar ganas de apedrearlo. Cuando nos trae los racimos y los frutos de la tierra del futuro, a veces por temor, otras por desconocimiento, preferimos quedarnos con los ajos y los puerros de la iglesia conocida, aunque ya no sea la comida que Dios quiere que le sirvamos a la gente.

Los espías son adelantados. Como visionarios, nos hablan de cosas que nosotros no vemos. Como son hombres de fe, no se pueden conformar con hablarnos simplemente de lo que ven sino que nos empujan hasta que los cambios se vuelven una realidad y la visión se concreta. Los espías son incómodos, molestos. Y en lugar de aprovecharlos, tenemos la tendencia a rechazarlos. El peligro es que el rechazado se aísle y nos perdamos su visión, su fe y su estrategia.

Lucas es alguien que ama a Dios y a su iglesia. Es un pastor que tiene carga y preocupación por la iglesia, de modo que en este tiempo sea sal y luz, y se convierta en un agente de transformación para la gente. En especial para los jóvenes. Así que le hice un desafío. Le dije: «*Lucas, nosotros no nos podemos dar el lujo de perder un estratega de la misión. En mis 25 años de ministerio pastoral, solo he conocido dos o tres hombres con esa misma capacidad dada por Dios. Y en todos los casos, como eran adelantados a sus épocas los rechazamos y ellos se aislaron. Seguramente tú habrás experimentado rechazo, pero por favor, no te aísles. ¡Te necesitamos! No ministres únicamente a los líderes juveniles, minístranos a nosotros los pastores. Enséñanos. Muéstranos la tierra que tenemos por delante*». Y le presenté un reto: «*Escribe un libro para los pastores*».

Bueno, este material es la respuesta a ese desafío. Por supuesto, no se trataba simplemente de un reto mío. Era algo que Dios quería. O mejor dicho, es algo que Dios quiere: que Lucas nos ministre, y que nosotros los pastores nos dejemos enseñar por él. Estoy seguro de que este libro será una herramienta maravillosa para ayudarnos a tomar la Tierra Prometida de un continente básicamente formado por jóvenes, redimiendo vidas y transformando realidades.

Carlos Mraida
Pastor de la Iglesia del Centro en Buenos Aires
Coordinador del Consejo de Pastores de Buenos Aires

NO ES UN ACCIDENTE

1

Su líder de jóvenes piensa en usted. Sí. Más de lo que usted se imagina. De hecho, su líder de jóvenes siente emociones poderosas hacia su persona. No le voy a decir que lo ama porque no nos conocemos personalmente como para saberlo, aunque muy probablemente ese sea uno de los sentimientos que su líder de jóvenes ha experimentado y que por eso esté en ese puesto. Sin embargo, no nos vamos a engañar. También es muy posible que esas emociones no sean siempre del todo positivas. Lo sé porque yo he experimentado sensaciones de las buenas y de las malas y desde ambos lados de la calle. He trabajado en el pastorado con líderes de jóvenes a mi cargo y he trabajado como líder de jóvenes en relaciones de sujeción que seguían diferentes estilos (léase como voluntario y como empleado).

Afirmar que en muchos casos la relación de los pastores con los líderes juveniles puede ser un tanto conflictiva no es un gran descubrimiento. Las historias son miles. Yo las he escuchado y usted también. Pero cuidado: no escribo este libro solo para resolver conflictos. En muchos casos la relación es buena, pero el punto es que puede ser mejor y producir los resultados extraordinarios que todos anhelamos. Hoy hay cada vez más pastores y líderes que descubren el tremendo potencial del trabajo en equipo entre el pastor y los líderes de jóvenes y por eso estamos teniendo esta conversación. De hecho, le confieso que no acostumbro a hablarles a las personas usando el «usted», pero como que el idioma en muchos países indica que esa es la manera respetuosa de hacerlo, escribo este libro utilizando esa forma. Sin embargo quiero aclarar que no uso el «usted» con el prejuicio de que aquellos que estén leyendo este libro deban tener todos más de 50 o 60 años. Hoy en Iberoamérica hay muchos pastores de 40, 30 y hasta comienza a asomar alguno que otro de veintitantos. Y también, sea cual fuere la interpretación de cada uno, hoy los hay hombres y también mujeres. Pero todos estamos de acuerdo en algo:

¿Qué pastor no quiere ver más jóvenes entregados a los pies de Jesús y listos para servir en su congregación? ¿Y qué líder de jóvenes en su sano juicio no quiere que toda la congregación aprecie a sus jóvenes y sepa cómo abrazarlos con el evangelio? De eso se trata este libro. De trabajar en equipo para que la iglesia sea cada vez más eficaz en cuanto a alcanzar y discipular a las nuevas generaciones.

Sinergia
Conocí esta palabra gracias a una banda musical popular en el Buenos Aires de los 90.

Según el diccionario, la sinergia (del griego συνεργία, «cooperación») es el resultado de la acción conjunta de dos o más causas, pero caracterizado por tener un efecto superior al que resulta de la simple suma de tales causas.

¿Un efecto superior al que resulta de la simple suma de nuestros esfuerzos? ¡Eso es lo que queremos!

Eso es lo que necesitamos. Por demasiado tiempo se han producido confusiones y malos entendidos entre los líderes de jóvenes y otros líderes de la iglesia. Las expectativas de los pastores con respecto a los líderes juveniles y de esos líderes con respecto a sus pastores no siempre han sido realistas ni han resultado claras, lo que puede generar una tensión que no ayude a nadie a crecer y alcanzar el pleno potencial del ministerio juvenil de una iglesia local. Por eso el objetivo de estas páginas es trazar un claro camino de ida y vuelta entre aquellos que lideran la congregación a mayor escala y los que lideran el grupo o ministerio de jóvenes específicamente.

¿QUÉ PASTOR NO QUIERE VER MÁS JÓVENES ENTREGADOS A LOS PIES DE JESÚS Y LISTOS PARA SERVIR EN SU CONGREGACIÓN?

Queremos sinergia. Nuestra meta con este libro será fortalecer el puente, facilitar la conexión y enriquecer el fruto. Esa es la cooperación que necesitamos. Que todas las partes al actuar en cohesión puedan producir un mejor resultado. Y más cuando nos estamos sumando al plan de Dios. Sí. Según lo que entendemos de la Biblia, no es un accidente que aquellos que estamos en el ministerio lo estemos. Dios, el soberano del universo, no se sorprende muy fácilmente, si es que alguna vez se ha sorprendido. Para él no fue un accidente que su líder de jóvenes y usted se hayan topado. Y algo grandioso se trae entre manos. *¿No ha sido siempre ese su estilo?*

LAS CARACTERÍSTICAS ESENCIALES

2

El liderazgo eficaz siempre es el complejo resultado de una diversidad de factores. Lejos del estereotipo del líder juvenil hombre, joven, gracioso, atlético, extrovertido, seminarista y poseedor de una camioneta, hay algunas características que acompañan a cada líder de jóvenes que logra realizar un trabajo sobresaliente. Y los pastores debemos comenzar por saber eso. ¿Qué características debemos esperar? Si estamos en la búsqueda de líderes, debemos saber qué buscar. Y si ya tenemos líderes juveniles en nuestra congregación, tenemos que saber qué características ayudarles a desarrollar.

Aquí va una lista inicial de 7 características esenciales:

1. Necesitamos líderes espirituales

Claro que esta característica no es exclusiva de los líderes juveniles sobresalientes. Ser llenos del Espíritu Santo es condición inescapable para un cristiano eficiente. Pero en el caso del líder o pastor de adolescentes, el desafío puede resultar aun más grande ¿Por qué? Porque los adolescentes de hoy tienen un radar que capta la hipocresía.

El adolescente promedio no se satisface con que su líder dirija bien la reunión o predique de manera atractiva. Observa si es que sus líderes viven lo que predican. Mira cómo su líder trata a su novia, la forma en que habla del pastor, o el modo en que se comporta cuando no está con un micrófono en la mano.

Si no somos líderes llenos del Espíritu de Dios, nuestro ministerio se limitará a manejar recursos humanos que, por buenos que sean, no podrán satisfacer plenamente las necesidades de los jóvenes en conflicto. Tampoco nuestras motivaciones y nuestro trato tendrán la eficacia de aquel que está provisto de la guía del Espíritu en su toma de decisiones. La espiritualidad del líder juvenil es fácilmente discernible para los adolescentes y jóvenes de este tiempo. Al referirnos al trabajo con los jóvenes en las próximas páginas, vamos a hacer hincapié en la relevancia de las relaciones cercanas. Y, evidentemente, ante tal intimidad es más factible que aflore la verdadera espiritualidad del líder o la líder. Si los líderes pretenden acompañar a los adolescentes a la madurez en Cristo, no les será posible hacerlo a menos que ellos mismos cultiven una relación de dependencia del Espíritu de Dios.

2. Necesitamos líderes que amen a los adolescentes

Sabemos que en la médula del servicio verdadero se encuentra el amor. Es muy difícil servir y entablar relaciones significativas con aquellos a los que no amamos. Y más difícil aun disciplinarlos en santidad si no tenemos un cierto instinto protector hacia ellos. Además, no nos engañemos... ¡los adolescentes no son fáciles!

Una líder de un país de Centroamérica me contó hace un tiempo que por años había sido maestra de escuela dominical de adolescentes sin nunca pensar en que debía amarlos para poder liderarlos con verdadera autoridad. Ella se limitaba a preparar sus clases y usar la hora y media que tenía cada domingo para predicarles de alguna historia o concepto bíblico, pero eso era todo. Durante esos años nunca uno de sus adolescentes se le acercó para contarle nada. Y ella, aunque hacía lo que le habían enseñado, sufría por dentro porque sentía que no había una verdadera conexión con los chicos y no pensaba que ellos estuvieran aprendiendo lo suficiente. Un día la llamaron de urgencia de la iglesia porque una de sus adolescentes se había querido suicidar y no podían encontrar a la madre para avisarle que la chica estaba en el hospital. Ella buscó en su agenda para ver si había anotado los datos de la madre, pero no. Al decir que no los tenía, se le ocurrió preguntar en qué hospital estaba la chica y decidió ir a verla. Cuando llegó a la sala en que estaba la adolescente, la encontró todavía

EN LA MÉDULA DEL SERVICIO VERDADERO SE ENCUENTRA EL AMOR.

inconsciente en una cama. Aún no habían logrado dar con su familia y habían llamado a la iglesia porque en sus bolsillos tenía un boletín de la congregación. La joven estaba cortándose las venas en un terreno baldío cuando unos niños la encontraron. Aquella maestra se sentó al lado de la cama y empezó a orar. Muy pronto sus ojos se llenaron de lágrimas porque se dio cuenta de que no tenía idea de qué era lo que vivía esa adolescente, aunque había estado asistiendo a sus clases todos los domingos

durante cuatro años. Le había hablado muchísimas veces del amor, pero nunca se le había ocurrido amarla lo suficiente como para interesarse por sus necesidades. Nunca había tratado de ganarse su confianza para poder mostrarle que los principios bíblicos no son solo teoría.

Si amamos a los jóvenes, ellos lo van a percibir. En el instante en que detecten que en verdad nos importan, van a tener la confianza para mostrase tal cuales son, contarnos sus luchas, debilidades y miedos. Y van a mostrar un mayor interés por lo que enseñamos cuando hablamos.

A muchos les resulta obvio pensar que la decisión de llevar a cabo misiones en lugares alejados y de culturas diferentes tiene una única explicación en un llamado especial del Señor. Pero el ministerio juvenil es tan «transcultural» como cualquier ministerio realizado en otra geografía. Involucra cambios de lenguaje, diferentes vestimentas, música, danzas exóticas y distintas presuposiciones morales. Si aquellos que se disponen a participar del ministerio con adolescentes no sienten un llamado claro y específico a trabajar con ellos, motivado en el amor, ocurrirá una de estas dos cosas, o ambas: muy pronto se sentirán miserables, o harán sentir miserables a sus adolescentes.

3. Necesitamos líderes que tengan una filosofía bíblica

Todos conocemos líderes sinceros que podrían ser calificados de espirituales pero que carecen de ideas sistematizadas y sincronizadas acerca de los por qué del ministerio.

Los líderes juveniles de hoy tienen que saber por qué hacen lo que hacen y aun por qué no hacen lo que no hacen. Es decir, tienen que contar con estrategias fundamentadas en la Biblia y en la lógica. No pueden actuar simplemente por inercia o tradición, o respondiendo a sus instintos. Necesitamos líderes preparados.

LOS LÍDERES JUVENILES DE HOY TIENEN QUE SABER POR QUÉ HACEN LO QUE HACEN Y AUN POR QUÉ NO HACEN LO QUE NO HACEN.

En mi libro *El ministerio juvenil efectivo*, (Editorial Vida, 2003) desarrollé cada una de las variables esenciales de un ministerio juvenil sano. Cuáles son los propósitos bíblicos que debemos perseguir, cómo funcionan los adolescentes según el diseño de Dios, cómo elaborar programas integrales, cómo desarrollar relaciones significativas y cómo conectarse con el contexto de los adolescentes de hoy. Los líderes que tienen una filosofía correcta acerca del ministerio juvenil reconocen estas variables principales del ministerio juvenil eficaz y saben cómo dinami-

zarlas con su liderazgo. Los líderes que no tienen una filosofía correcta suelen conseguir resultados según sean sus facultades personales naturales, pero en ellos se evidencia una carencia de propósito y en la elaboración de programas tienden a ser repetitivos y se ajustan a gustos propios. Esos líderes mantienen relaciones naturales y no proactivas con sus adolescentes, y no trabajan activamente por mejorarlas o abrir su espectro de influencia hacia aquellos a los que les cuesta más llegar. Sin una filosofía correcta, los líderes juveniles se estancan, buscando conservar y satisfacer expectativas equivocadas, por ejemplo, agradar a una elite o conformarse con tener un grupo de alabanza, sin evangelizar.

Los jóvenes merecen un liderazgo que pueda articular una filosofía sensata de por qué hace lo que hace, que pueda interpretar las Escrituras desde un contexto contemporáneo, que entienda las realidades interiores propias de la edad, que pueda evaluar un currículo, que sea creativo, y que pueda comunicar visión y organizarse. ¡Uf! El liderazgo juvenil eficaz es cosa seria. Por cierto, no todos los que ingresen al ministerio juvenil durante los próximos años podrán prepararse en un ámbito académico y al leer esto quizá piensen que lo que se señala no es posible en su congregación. Pero la base de lo que estoy diciendo no es que haya que salir corriendo al seminario sino que hay que proveerles a los líderes juveniles herramientas de capacitación y actualización ministerial. Gracias a Dios, hoy hay cada vez más recursos bibliográficos y páginas

Web de ayuda para los líderes juveniles, como es el caso de **www.especialidadesjuveniles.com**

Se los digo directamente: Al viajar por todo el continente, he notado, casi de forma matemática, que los líderes juveniles de los ministerios sanos que crecen, invariablemente cuentan con una pequeña biblioteca de libros de ideas y recursos para el ministerio juvenil. Y les cuento otro secreto: usualmente esos líderes tienen pastores que les procuran los recursos. Libros de lecciones bíblicas, juegos, actividades, devocionales y todo aquello que les pueda servir. Ningún líder de jóvenes puede depender exclusivamente de su propia creatividad. El ministerio juvenil es demasiado demandante como para poder hacer eso.

SIN UNA FILOSOFÍA CORRECTA, LOS LÍDERES JUVENILES SE ESTANCAN, BUSCANDO CONSERVAR Y SATISFACER EXPECTATIVAS EQUIVOCADAS.

Cuando los líderes tienen una filosofía bíblica acerca de por qué hacen lo que hacen, las realidades cambian y la congregación entera empieza a entender que el ministerio juvenil no tiene que ver simplemente con conservar un grupo de jóvenes dentro de los valores evangélicos, sino que esos valores puestos en práctica se traducen en expansión. La puesta en funcionamiento de los dones del Espíritu en aquellos jóvenes que ya están listos para ser útiles al Reino re-

quiere de directores técnicos y entrenadores preparados, para lograr equipos campeones.

4. Necesitamos líderes preparados para la tarea de aconsejar

Ante tantos mensajes contradictorios provenientes de
los medios masivos de comunicación y tantos cambios
interiores que les están ocurriendo a los jóvenes, es necesario que aquellos que lideramos a esta generación
tengamos respuestas sobrias. El rol de modelo que a
cada líder de adolescentes le toca debe ser ejercido con
responsabilidad y aquellos que han sabido aconsejar a
sus jóvenes pronto comenzarán a recibir más jóvenes
pidiéndoles consejos. Los líderes eficientes están preparados para la tarea de aconsejar. Para ello se especiali-
zan en las cuestiones de la cultura adolescente, las crisis
familiares y la búsqueda de identidad, y en los distintos
métodos que les ayuden a realizar una consejería eficaz.
C. Brister, en su libro clásico referido al cuidado pastoral
en la iglesia, dice lo siguiente:

> Las dimensiones subconscientes de la personalidad,
> la dinámica de la conversión religiosa, el significado
> del simbolismo en la adoración, los componentes de
> culpa y hostilidad, el cuidado de las almas de las per-
> sonas desesperadas y atrapadas en las distorsiones
> de nuestra cultura, requieren que nuestros minis-
> tros de hoy tengan conocimientos especializados.[1]

1 - (Brister, 1988, p. 29).

En lo personal puedo decir sin vergüenza que, aunque constantemente estoy predicando en eventos grandes y púlpitos conocidos, he observado frutos más milagrosos a través de la consejería. ¡Qué gran placer es para mí recibir una carta o un email de algún joven contándome que lo que hablamos le sirvió para tomar una mejor decisión o que a partir de ese momento se sintió mucho más fuerte para hacer lo que era correcto! En la mayoría de los seminarios e institutos bíblicos hoy se ofrecen cursos de consejería y les recomiendo que sus líderes tomen algunos de ellos aunque no piensen hacer toda una carrera de consejería o psicología. Claro que también vale la pena comprar y leer buenos recursos como el *Manual práctico de consejería juvenil*, de Editorial Vida, producido por tres autores de tres países diferentes de América, y otros manuales clásicos de autores conocidos, como terapeutas familiares y consejeros profesionales.

5. Necesitamos líderes que trabajen en equipo

Los líderes juveniles eficientes saben que solos no pueden lograrlo todo y entienden que al liderar a los jóvenes les están abriendo puertas para que desarrollen su potencial, aun en la iglesia. Estos líderes comprenden que Dios capacitó a su cuerpo con distintos roles y dones (1 Corintios 12:4-30) y que es tarea del líder sumar a otros para la realización de la obra del ministerio (Efesios 4:12). Los líderes eficaces también entienden que la misión es más importante que la posición. Por eso reconocen las habilidades de los demás y les facilitan la tarea sumándolos al trabajo.

Son tantas y tan complejas las necesidades de los jóvenes hoy que resulta imposible para un líder, o una líder, estar cerca de todos sus adolescentes, a menos que se trate de un grupo verdaderamente reducido. Pero si el anhelo de un ministerio juvenil es multiplicarse, hace falta mayor cantidad de mano de obra. Los líderes sobresalientes reconocen esto y dedican buena parte de su tiempo a reclutar voluntarios para su ministerio juvenil:

> Para aquellos que son verdaderos líderes, construir un equipo y mantenerlo es, sin discusión, una de las empresas más satisfactorias que se pueda imaginar. Al líder le permite ejercitar sus dones a través de sacar lo mejor de cada participante, invertir en esos individuos y descubrir el gozo de morir a uno mismo en beneficio de otros. Jesús nos dejó su modelo. ¿Qué más podemos pedir?[2]

Los ministerios de jóvenes que carecen de un equipo de trabajo suelen estar sobrecargados, tensos y demasiado cansados como para enfocarse en una nueva visión. Cuantos más líderes de calidad se tengan, más posibilidades de maduración y resolución de conflictos habrá al alcance de los jóvenes.

2- (Philips, 1997, p. 238).

Los jóvenes no necesitan solo líderes atléticos y extrovertidos que sepan tocar la guitarra. Sería buenísimo que algún miembro del equipo de liderazgo tuviera esas características, pero hay jóvenes que se identifican mejor con personalidades más similares a las suyas. Los mejores equipos son los que tienen una buena dosis de diversidad de intereses, personalidades, estilos y edades. Tener líderes adultos por ejemplo, enriquece al ministerio con experiencia, contención y modelos.

> **LOS JÓVENES NO NECESITAN SOLO LÍDERES ATLÉTICOS Y EXTROVERTIDOS QUE SEPAN TOCAR LA GUITARRA.**

Los líderes juveniles eficaces simplifican las tareas y las demandas del ministerio consiguiendo y estimulando a la gente adecuada para cada una de ellas.

6. Necesitamos líderes que sepan involucrar a los padres

Tratar de interpretar a los adolescentes fuera del esquema familiar nos daría un cuadro incompleto. Por eso los líderes juveniles eficaces no se colocan en una situación de competencia con los padres sino que aprenden a trabajar con ellos. Resulta fundamental entender que la adolescencia no solo les llega a los hijos sino también a los padres, aunque en un rol diferente del que les tocó cuando estaban en el papel del mutante que tienen ahora

por hijo. El punto clave para muchos es la llamada «brecha generacional». Ser adolescentes hoy no es lo mismo que fue ser adolescentes en los sesenta y setenta. Esta realidad tiene diversas consecuencias, y una de ellas es que muchas veces las dos generaciones no se entienden y por eso se aíslan.

Los líderes juveniles sobresalientes tienen en claro que la presente generación está clamando por desarrollarse positivamente dentro del marco de estabilidad, comprensión y amor incondicional que los padres deben brindarles. Digan lo que dijeren algunos que señalan que a los adolescentes ya no les interesan los padres, la relación entre padres e hijos adolescentes seguirá siendo una fuente de estima y valoración personal, y la relación básica en torno a la que se desarrollarán todas las otras relaciones sociales. Por eso resulta vital que los líderes juveniles redescubran en los padres a los líderes naturales que Dios les ha dado a los adolescentes de su grupo juvenil.

Hace poquito participé de un pequeño debate, y un conocido ministro de jóvenes habló con tanto desprecio de los padres que me vi forzado a contrariarlo en público. Es indispensable que los líderes entendamos la vitalidad del ámbito familiar. Debemos ayudar a los padres a descubrir maneras de ayudar a sus hijos, y por otro lado, ayudar a los hijos a ser más comprensivos con sus padres. Los líderes que no entienden esto denotan que lo único en lo que piensan es en sus programas. Y claro, así ven a los padres como obstáculos para todo lo que les gustaría hacer.

Lo admito: trabajar con ellos no siempre es fácil. Yo tuve a Drácula y a la mujer vampiro como padres de mis adolescentes. Me acuerdo de esa señora que constantemente se quejaba de su hija y me hacía sentir que yo tenía la culpa de que a ella le fuera mal en la escuela. Un día Ana se nos acercó al terminar una actividad y nos dijo que ese día había nacido su hermanita y que ya debía irse a su casa. Le propuse que fuéramos corriendo a verla y a saludar a su mamá. Cuando llegamos a su casa, encontramos que su padrastro (no el padre de Ana sino el de la beba recién nacida) estaba tan

DEBEMOS AYUDAR A LOS PADRES A DESCUBRIR MANERAS DE AYUDAR A SUS HIJOS, Y POR OTRO LADO, AYUDAR A LOS HIJOS A SER MÁS COMPRENSIVOS CON SUS PADRES.

borracho que todavía no había podido ir a buscar a su esposa. ¡Bah!, eso pensé. Cuando íbamos para el hospital Ana me contó que solo era el novio de su madre. No siempre vamos a ser los mejores amigos de todos los padres, y en esa ocasión no me hice amigo de ninguno de los dos. Pero los líderes eficaces se esfuerzan por lograrlo.

7. Necesitamos líderes conocedores del mundo real

El vértigo de los medios exige una constante actualización. Las diferentes tribus de adolescentes muestran diferentes características en sus gustos musicales, en su vestimenta y en su lenguaje. Desconocer sus ondas equivale a un desinterés por saber qué los atrae. Y si los líderes solo conocen a los jóvenes de la iglesia, solamente van a llegar a ellos y no podrán alcanzar a otros nuevos para expandir el ministerio. Ya lo dijimos. Un grupo de adolescentes requiere que se tenga una disposición transcultural similar a la que requieren las misiones en otras latitudes, solo que el cambio es generacional más que geográfico. Tenemos que conocer su mundo para poder conectar los principios del evangelio con sus temas de interés y sus realidades cotidianas.

El líder o la líder que han abrazado la gran comisión estarán atentos a descubrir cuáles son las características de los jóvenes de su congregación. Pero también las de los adolescentes de su barrio y una buena manera de lograr esa actualización es observarlos atentamente en los lugares en los que se reúnen más jóvenes dentro de su zona (escuelas, centros comerciales, hamburgueserías y demás) y hacer el esfuerzo por conectarse con ellos, provocando conversaciones. Preguntarles a los propios adolescentes cuáles son sus intereses y qué miran por TV o cuál es la última película que vieron en el cine es un ejercicio básico pero fundamental. Los jóvenes se sienten importantes cuando se les pregunta y por eso funcionan muy bien los cuestionarios y encuestas. También sacar a los jóvenes cristianos del templo y llevarlos a lugares públicos a hacer cuestionarios acerca del gusto y tendencias culturales no solo les sirve a los líderes para mantenerse actualizados, sino que resulta una excelente actividad que los chicos agradecerán. Las revistas, películas y programas de moda pueden servir para informarnos sobre lo que los jóvenes están consumiendo fuera de nuestro medio; es bueno que los líderes tengan un acercamiento prudente a estas cosas para saber cómo conectar su consejería y su enseñanza bíblica con el mundo de todos los días de los jóvenes que tienen bajo su cuidado y guía, y también con aquellos a los que quieren alcanzar.

¿QUÉ HACEMOS CON ESTOS ADOLESCENTES?

3

Para definir el trabajo de un líder o de una líder de jóvenes, tenemos que contar con un panorama básico sobre aquellos con los que trabajan o piensan trabajar. No podemos caer en la extrema simplificación de creer que entendemos a la perfección a los adolescentes de hoy. No. Ellos no son igualitos a nosotros hace 20 o 30 años. Su cosmovisión es diferente. Viven en un planeta distinto.

De hecho, podríamos analizar algo muy básico primero. Comencemos este capítulo con una pregunta interesante: *¿Quién tiene la culpa de que en este planeta haya adolescentes?* He hecho esta pregunta a muchos públicos diferentes y la respuesta que con más frecuencia he recibido es que la culpa la tienen los padres. Otras veces, alguien de mirada aguda me dice que la sociedad es la culpable porque la adolescencia no es otra cosa que un accidente cultural. Pero la respuesta más veraz a esta pregunta es que si hay alguien que tiene la «culpa» de que haya una transición gradual de la niñez a la adultez, ese es nuestro buen y sabio Dios. Sí. Aunque les suene fuerte a algunos y divertido a otros. Es Dios el que tiene la culpa de que haya adolescentes en el planeta tierra porque fue él quien determinó que

> **DIOS DISEÑÓ A LOS ADOLESCENTES Y POR ESO MISMO RESULTA TAN IMPORTANTE APRENDER A DIFERENCIARLOS DE LOS NIÑOS Y DE LOS ADULTOS.**

hubiera una transición gradual entre la niñez y la adultez. Dios diseñó a los adolescentes y por eso mismo resulta tan importante aprender a diferenciarlos de los niños y de los adultos. Porque el caso es que no son ni niños ni adultos.

Hebiatría

Mi mamá fue una de las pocas hebiatras de la historia americana. ¿Qué es un hebiatra? Esta especialidad médica nació en la Universidad de la Sorbona, en París, y comprendía el estudio del ser humano desde que empiezan los cambios de la pubertad (caracteres sexuales secundarios) hasta que se completa el desarrollo en los diferentes aspectos y se convierte en un adulto de la especie, lo que biológicamente se da entre los 19 y los 24 años. La hebiatría tomó fuerza en los años 70 y 80 del siglo pasado, pero dado que se integraba a la medicina y a la psicología, planteaba un desafío difícil de salvar para las universidades. La discusión radicaba en si esta carrera se debería estudiar en una facultad de medicina, en una de psicología o en una de ciencias sociales. También presentaba un problema práctico para los hospitales, ya que normalmente habían tenido áreas para niños y áreas para adultos, y consideraban muy caro tener que agregar otra para internar adolescentes. El caso es que hoy el término hebiatra casi no se usa, pero el legado que nos ha dejado esta rama de la medicina es que a todos nos ha quedado medianamente claro que los adolescentes tienen características neurológicas, físicas, emocionales y sociales propias de esa etapa y que se distinguen de la niñez y la adultez.

La más reciente encuesta de Gallup, investigando a los adolescentes, destacó que las principales necesidades de los jóvenes de entre 13 y 17 años son de índole relacional.

En resumen, así identificaron esas necesidades:

Necesidad de que confíen en mí

Necesidad de ser entendido y amado

Necesidad de sentirme seguro donde vivo, salgo y voy a la escuela

Necesidad de creer que la vida tiene un propósito

Necesidad de ser escuchado

Necesidad de ser apreciado

Necesidad de ser apoyado en mis esfuerzos

Sanidad en sus relaciones íntimas

Los jóvenes de hoy viven en un mundo de relaciones quebradas y de un individualismo sin precedentes. De los go-
biernos han aprendido el egoísmo. Y su lectura de la sociedad es de pesimismo y desesperanza. El clima social
de muchas ciudades ha puesto a la gente de mal humor
y se sabe que la violencia genera más violencia. Padres y
madres buscan la manera de rebuscárselas para conseguir dinero mientras los chicos van a escuelas y universidades en las que la mayoría de los profesores no quisie-
ran trabajar porque sus sueldos no les alcanzan. En ese
clima tan alterado, los adolescentes vivencian las crisis
naturales de esa etapa de su vida en busca de forjar su
identidad. El impacto hace que millones de ellos sufran
severas crisis de autoestima y no encuentren dónde restaurar sus corazones rotos. Las presiones sexuales provenientes de una televisión cada vez más descarada y del
aparato de consumo hollywoodense no cooperan. Y así
es que los adolescentes viven en un constante manoseo
de relaciones a corto plazo. Resulta frecuente escuchar
a jovencitos hablar de haberse besado toda la noche con
un desconocido o desconocida en alguna «disco» baila-
ble.

Otro tema a considerar es el impacto del divorcio. La simple observación, a través de años de trabajo con adolescentes en los ministerios en los que el Señor nos puso
a mi esposa y a mí, nos permitió notar que los hijos de
matrimonios divorciados tienden a tener problemas a la

hora de tomar decisiones en cuanto a una pareja propia. La atmósfera de traición y mutuo socavamiento a la que estuvieron expuestos por parte de los padres, en muchos casos, también socavó las expectativas de los hijos. En nuestra iglesia teníamos una pareja de jóvenes líderes que tanto por el lado de él como por el lado de ella todos los familiares estaban divorciados. Un día ella me dijo: *«Siempre he pensado que si mis padres y mis hermanos se han divorciado, quién soy yo para creerme distinta»*. Gracias a Dios aquella pareja pudo superar esos miedos y ahora siguen felizmente casados. Resulta evidente que la iglesia debe ofrecerles a los jóvenes tanto modelos de noviazgo como modelos de matrimonio, no perfectos pero sí sanos y creíbles.

LOS JÓVENES DE HOY VIVEN EN UN MUNDO DE RELACIONES QUEBRADAS Y DE UN INDIVIDUALISMO SIN PRECEDENTES.

La presente generación juvenil es una generación que muestra heridas que debemos ayudar a curar. La verdad es que no será con sermones que lograremos los mejores resultados. Estar «ahí», al lado de ellos, hace la gran diferencia en cuanto a sanar sus golpes internos, reorientar los valores alterados por alguna experiencia de la infancia o restaurar las imágenes rotas que necesitan ser reconstruidas. Si no ayudamos a los jóvenes con las heridas emocionales que han recibido en sus relaciones íntimas, permitiremos que Satanás paralice su potencial como

personas útiles y valiosas. Estaremos dejando puertas abiertas para que con sus artimañas Satanás los impulse a sabotear sus propios sueños.

Por todo lo que acabamos de señalar, antes de avanzar es importante dejar en claro que no podemos seguir creyendo que la gran clave del ministerio juvenil es hacer lindas reuniones una vez por semana. Necesitamos líderes que se involucren con los adolescentes. Líderes que establezcan relaciones significativas con ellos. Líderes que se hagan amigos de los chicos sin perder autoridad para guiarlos. Y líderes que sepan usar herramientas que vayan más allá de un simple culto juvenil.

Ventajas, recomendaciones y mitos con respecto a las células y grupos pequeños

Una herramienta que en diferentes sectores de la iglesia hemos estado recuperando en las últimas décadas, y que resulta especialmente poderosa en el ministerio con los jóvenes, es el uso de células o grupos pequeños.

A través de nombres diferentes, es increíble cómo el concepto de los grupos pequeños se ha desparramado por todo el mundo en los últimos años. Testimonios de iglesias florecientes resaltan la vitalidad del movimiento de los grupos pequeños no solo en el trabajo juvenil sino en el de toda la iglesia. Cuando el libro *Discípulo*, de Juan Carlos Ortiz, salió en 1974, el concepto de célula cons-

tituía una novedad.[3] Si bien se basa en principios clara-
mente bíblicos, la práctica de las iglesias había perdido
toda conexión con el concepto y por eso hablar de células
incluso causó divisiones. Hoy también se usan otros tér-
minos, como «espigas», popularizado por la Cruzada Es-
tudiantil, «barcas», «racimos», y en especial aquel que ha
llegado a través del movimiento de la Misión Carismática
Internacional de Bogotá, Colombia, y otras mega iglesias,
«grupo de doce». Pero sea cual fuere el nombre, las ideas
básicas son similares aunque se articulen de diferentes
maneras. Estas son algunas de las ideas motoras:

- Con las reuniones de los domingos no basta para
  crecer espiritualmente.
- Es más fácil integrar nuevos creyentes en estos grupos y por ende son una herramienta de multiplicación.
- Los grupos pequeños facilitan el ejercicio de los dones de todos.
- En los grupos pequeños se pueden manifestar mejor
  la unidad del cuerpo de Cristo y la práctica de los valores del Reino.
- En los grupos pequeños se facilita un discipulado
  cercano.

En el ámbito del ministerio juvenil hay algunas razones
extras para trabajar en grupos pequeños. Anteriormen-
te compartimos acerca de las necesidades esenciales de
los adolescentes, y es fácil notar que estas necesidades

3 - El libro, de Editorial Caribe, contiene un capítulo titulado «La célula».

pueden ser mejor abordadas desde el ámbito de un grupo cercano. En el caso de las relaciones significativas y la mentalidad colectiva de los jóvenes, hablamos de la importancia del grupo de referencia. La enorme necesidad de «pertenecer» que tienen los adolescentes puede ser muy bien alimentada desde las células.

Juntando las recomendaciones que hacen aquellos que han practicado el trabajo en grupos pequeños con la juventud, mi propia experiencia liderando grupos pequeños, y la observación realizada del sistema de estos grupos en distintas iglesias, pude procesar los siguientes detalles:

- Deben ser participativos: Los encuentros de los grupos pequeños no son reuniones tradicionales en las que se cuenta con un predicador central, mientras el resto permanece pasivo. Para muchos la clave de los grupos pequeños es precisamente que sean los mismos jóvenes los que lideren sus propios grupos.
- Funcionan mejor por las casas: Hay algo especial e íntimo acerca de hacer una reunión en la casa de uno de los miembros del grupo. De repente la familia toda se siente protagonista, se produce un sentido de pertenencia y propiedad en los anfitriones y satisface en los demás participantes una curiosidad natural por saber cómo son las familias de los otros.
- Funcionan mejor por edades: Obviamente los adolescentes de doce años que entran al secundario y los jóvenes de veinticuatro que ya piensan que casarse

no es una idea demoníaca, tienen necesidades y gustos muy diferentes. Las células o grupos pequeños deben prestar especial consideración a este detalle porque en la intimidad de una casa o de un grupo de participación se notan mucho más esas diferencias. La separación de los grupos por edades hasta ahora sigue siendo un desafío para el ministerio juvenil, y usualmente dedico bastante tiempo durante los entrenamientos para explicar por qué y cómo pueden llevarse a cabo las divisiones.

Muchos líderes tienen miedo de que si separan a los pocos jóvenes que tienen vaya a decaer la asistencia, o que pronto el grupo se desanime. Pero la práctica demuestra que estas separaciones terminan produciendo multiplicación, debido a que los jóvenes se sienten

LA ENORME NECESIDAD DE «PERTENECER» QUE TIENEN LOS ADOLESCENTES PUEDE SER MUY BIEN ALIMENTADA DESDE LAS CÉLULAS.

más cómodos con los de su edad, y mejor comprendidos. Y además porque se nutren más líderes a través de este formato. Por otro lado, los grupos pequeños constituyen precisamente una gran oportunidad para separarlos por edades. En la experiencia de muchos, los grupos pequeños que alternan con actividades de mayores proporciones han servido para mantener al grupo numeroso y para atender las características de las diferentes etapas al mismo tiempo.

- Son más activos los grupos cambiantes: Antes mencionábamos la importancia de trabajar proactivamente la homogeneidad y la heterogeneidad. Eso no funciona de igual manera entre los adolescentes de trece a quince años que entre los jóvenes universitarios. Y sobre todo resulta diferente con los adultos. Algunas iglesias y movimientos que han practicado las células por varios años, han aprendido que no se puede esperar que el mismo sistema funcione exactamente igual con cada edad (me suena haber conversado sobre esto antes). Y que en el caso de la juventud es mejor que las células o grupos varíen de tanto en tanto. Los más chicos necesitan probar diversos grupos justamente para no estancarse en su desarrollo y poder reconocer otras posibilidades con respecto a los roles que les gustaría interpretar. Los más grandes necesitan conocer nuevos candidatos del otro sexo, para tener mayores y mejores posibilidades de elección, pensando en formar una pareja cristiana, y eso está muy bien. Muchos recomiendan cambiar a los integrantes de los grupos pequeños juveniles cada año o cada seis meses. En el caso de los más grandes, lo más natural para ellos es tener un grupo de amigos establecido y les cuesta más cambiar de grupo, a menos que lo entiendan como parte de una misión de la que forman parte.

- Los grupos pequeños existen para multiplicarse: Si el grupo no se multiplica, muy pronto podría estar funcionando como un grupo cerrado de elite de donde es difícil entrar o salir. Llegado a este punto, resulta difícil distinguir si el grupo pequeño es tan solo un grupo de amigos o si se trata de un ministerio de la iglesia. Uno de los peligros vuelve a ser la falta de entusiasmo al ver siempre las mismas caras y faltar el factor sorpresa. Pero quizás el peligro más importante sea que el grupo pierde de vista uno de los propósitos más significativo: el de la evangelización.

- No son una clave mágica para el crecimiento: Si bien multiplicarse debe ser uno de los objetivos, algunas iglesias que han incursionado en el trabajo por grupos pequeños se han frustrado porque no pueden repetir los resultados de otras y han terminado desechando el formato. El sistema de grupos pequeños es un sistema increíblemente rico, pero también con una increíble gama de variantes. Cada iglesia debe encontrar el tamaño adecuado para sus grupos, y determinar las edades, los horarios y el currículo apropiado para cada grupo o edad.

Los grupos pequeños no son exclusivos de las iglesias grandes o de las pequeñas. Los grupos pequeños primeramente brindan la posibilidad de ser más sinceros en un mundo de «caretas», y más cercanos como para mostrarse hermanados en un mundo individualista, competitivo y con familias rotas. Si bien insisto en que no se trata de una fórmula mágica, estos grupos resultan una excelente herramienta para poder satisfacer las necesidades de los adolescentes, tal como mencionamos al comienzo de este capítulo.

LA DESCRIPCIÓN DEL TRABAJO

4

Una de las más frecuentes fuentes de conflicto, que produce falta de colaboración, es una desconexión en cuanto a las expectativas. Sucede en un matrimonio, sucede en las empresas, sucede en la política y sucede en la iglesia. Presuponer que aquel que lidera a la juventud sabe perfectamente lo que se espera de él o ella es un tremendo error, y uno de los que se comete con mayor frecuencia.

En el ámbito cristiano nos gustaría poder decir que las únicas expectativas que importan son las de Dios, pero todo pastor sabe que hay muchas otras expectativas compitiendo en el campo de juego.

En el caso de los líderes de jóvenes, las más poderosas son las que tienen que ver con:

- [ ] Las expectativas de los padres.
- [ ] Las expectativas de los jóvenes.
- [ ] Las expectativas del resto de los líderes de la iglesia.
- [ ] Las expectativas del pastor.

Todas esas expectativas son importantes en el desarrollo del trabajo del líder de jóvenes, pero enfrentarán un gran desafío. Muchas veces esas expectativas son irreales y, naturalmente, pueden competir unas con otras. Por eso resulta muy importante que los pastores y los líderes juveniles trabajemos haciendo una descripción del trabajo que sea coherente, honesta y realista. Sí. Sé que puede sonarles raro porque en nuestra cultura evangélica ibe-

roamericana no es usual usar «descripciones de trabajo». Lo cual es una lástima. Nos evitaríamos muchos conflictos si tuviéramos las expectativas más claras.

¿A qué te refieres, Lucas? ¿A que discutamos un contrato?

Sí. Un contrato con una descripción de trabajo, objetivos y un compromiso que no sea «eterno», «hasta que nos peleemos», o «hasta que nos cansemos».

El contrato puede decir:

Yo (líder juvenil)_____ me comprometo a:_____. Y para hacerlo voy a trabajar _____ horas por semana, desarrollando un programa semanal regular que incluya:

1.

2.

3.

4.

5

6.

Y un plan anual que incluya:

1. (Actividades especiales)

2._____

3. _____

Algunos compromisos extras a tener en cuenta son:

_____.

_____.

Incluso lo que no dice el contrato constituye un excelente sistema de protección para usted y su líder de jóvenes. Si todavía le suena raro esto, tomémonos un café juntos para conversar sobre las diferentes expectativas...

Las expectativas de los padres

Los padres de herencia evangélica esperan que el líder de jóvenes aleje a sus hijos del pecado y les enseñe la palabra de Dios. Aquellos que formaron parte de un ministerio de jóvenes en su adolescencia probablemente agregarían a eso algunas cuestiones programáticas, como por ejemplo, que sus hijos se sientan felices al asistir a la reunión del sábado en la noche, o que canten en el coro. Ese no es un detalle menor, porque si hoy en la iglesia no hubiera coro, eso podría significar, según las expectativas de algunos padres, que los líderes no están haciendo algo que deberían (aunque no saben bien por qué están disconformes).

En el caso de los padres no cristianos, ellos no tienen expectativas, a no ser que quieren estar seguros de que en la iglesia no les vamos a lavar la cabeza a sus hijos, cosa que obviamente nos proponemos hacer, por lo que los líderes también tendrán que ser astutos en cuanto a la forma de ganarse la confianza de los padres no cristianos.

Pero volviendo a los padres cristianos, el «alejar» a los jóvenes del pecado también puede resultar una expectativa irreal. Los líderes debemos enseñarles a los jóvenes a conocer la voluntad de Dios y a discernir el mal en los valores de la sociedad, pero los jóvenes tienen libre albedrío. Podemos protegerlos, pero no son empleados y la iglesia no es la escuela. Ellos no son autómatas dentro de la iglesia y los líderes juveniles no tienen la responsabilidad primaria de darles o no permiso para que hagan lo que quieran.

Hace unos años, una madre se me acercó muy enojada porque su hijo de 15 años se había puesto un arete. Yo le pregunté por qué pensaba que era responsabilidad mía que su hijo hubiera decidido hacer eso y ella me respondió que si yo fuera un buen líder de jóvenes entonces le prohibiría a su hijo usar el arete. Básicamente, esta mamá quería que yo hiciese lo que ella no estaba dispuesta a hacer. Le dije que iba a conversar con su hijo, pero que ella y su esposo eran los que en verdad deberían ponerle límites a su hijo si pensaban que el arete era algo inapropiado y ofensivo. Yo podía estar en desacuerdo con el arete y mantener una conversación sincera con su hijo al respecto. También podía enseñarle que mortificar a su mamá con ese aro no era algo que hiciera feliz a Dios, pero siendo ese jovencito un simple participante y no un líder (a distintos roles distintas reglas) yo no podía prohibirle usar el arete.

Las expectativas de los jóvenes

Cuando fui contratado como pastor de jóvenes a mí llegada a California, el líder juvenil anterior era una especie de padrino bonachón con los pocos jóvenes que había en la iglesia. Ellos lo amaban y él los protegía, pero el pastor estaba disconforme porque no había un plan de crecimiento, y si bien esos jóvenes se sentían felices con él, no había programas de discipulado que marcaran alguna diferencia. Al llegar, esos pocos jóvenes se mostraron fastidiados con todo lo que yo hacía. Yo era diferente del líder anterior.

> **LOS LÍDERES DEBEMOS ENSEÑARLES A LOS JÓVENES A CONOCER LA VOLUNTAD DE DIOS Y A DISCERNIR EL MAL EN LOS VALORES DE LA SOCIEDAD, PERO LOS JÓVENES TIENEN LIBRE ALBEDRÍO.**

Él tenía una buena situación económica y solía comprarles regalos y pagarles comidas en las salidas de los fines de semana. Yo era un estudiante que gastaba hasta su último centavo en su carrera, así que no podía competir

con esas expectativas. Él manejaba un espacioso auto último modelo y yo tenía un auto tan pequeño que parecía de juguete, así que no podía llevar a más de dos jóvenes al mismo tiempo.

Los jóvenes de esa congregación esperaban que fuera como el líder anterior y como yo era diferente, llegaron a escribirle una carta al pastor reclamando mi renuncia. Sí. Años después esos mismos jóvenes llegaron a estar entre mis mejores amigos, y se asociaron al ministerio aun cuando terminé mi trabajo en esa iglesia y Dios me llevó a otras latitudes.

Las expectativas de los jóvenes pueden ser que el pastor de jóvenes predique como cierta persona, que dirija la alabanza como alguna otra, u organice el mejor congreso juvenil anual. En muchas congregaciones, como los líderes juveniles rotan cada año, las expectativas de los jóvenes simplemente son que sea alguien que se meta poco con lo que hacen en la puerta de la iglesia o durante las salidas luego de la reunión.

Las expectativas del resto de los líderes de la iglesia

En muchos ámbitos de la iglesia se considera a los líderes juveniles como aprendices practicando a jugar a la iglesia en una reunión semanal, para luego poder llegar al ministerio «en serio» que se supone es el ministerio dirigido a los adultos. No debo aclararles que creo que esa es una noción increíblemente ingenua y torpe. Sin embargo, muchos líderes de su congregación lo creen así y por eso no tienen demasiadas expectativas con respecto a los líderes de jóvenes.

Si los padres suelen tener demasiadas expectativas en cuanto al trabajo de los líderes juveniles y los ven como posibles salvadores de sus hijos, el resto de los líderes de la congregación no suelen esperar demasiado de ellos y eso puede resultar igualmente deses-

EN MUCHOS ÁMBITOS DE LA IGLESIA SE CONSIDERA A LOS LÍDERES JUVENILES COMO APRENDICES PRACTICANDO A JUGAR A LA IGLESIA.

peranzador y negativo para su líder de jóvenes.

Conozco demasiadas iglesias en las que si un salón es para niños, todos entienden que el salón debe decorarse como para niños. Pero no existe la misma expectativa con respecto a los salones para adolescentes y jóvenes. Decorar, cambiar los horarios y las cosas de lugar, pueden resultar temas de conflicto con otros líderes de la iglesia. Y sin duda pueden surgir problemas si los líderes de jóvenes también están a cargo de la alabanza y solo hacen la música que a ellos les gusta durante la reunión.

Las expectativas del pastor

Usted y yo lo sabemos. Queremos que el ministerio de jóvenes traiga más jóvenes a la iglesia, y con ellos a sus familias, y no queremos escuchar acerca de ningún problema en el que se haya metido algún grupo de adolescentes. ¿Quién no desea tener algo de paz? Ya resulta demasiado complicado estar pendientes de tantas familias y de la predicación del domingo como para también tener que escuchar los líos de los adolescentes. Usted no quiere oír hablar de otro noviazgo conflictivo dentro del grupo de alabanza. Ni acerca de esos adolescentes que estuvieron fumando en el baño. Ni de esa chica que se desmaya para llamar la atención. Y cuidado. No estoy siendo sarcástico. Usted tiene derecho a tener tales expectativas y no deseo hacerlo sentir culpable por eso. Solo quiero que se detenga unos minutos a reconocer lo importante que resulta que su líder juvenil sepa que usted espera que él o ella se ocupe de esas circunstancias con autoridad y sabiendo que cuenta con su confianza para manejar esas ocurrencias comunes dentro del ministerio juvenil.

Yo recuerdo cuando mi pastor fue muy claro al preguntarme cuáles eran mis metas para el año y cómo planeaba alcanzarlas.

El trazó una raya y me preguntó cuántos jóvenes teníamos, cómo estaba su vida espiritual en general y cuánto estaban aprendiendo en la iglesia. Y luego me desafió: *¿Cuántos jóvenes quieres tener para fin del año que viene? ¿Cómo vas a ayudarlos a crecer en su vida espiritual? ¿Y cómo vas a enseñarles la Biblia de manera que la conecten con sus realidades cotidianas?* No recuerdo mis respuestas, pero sí me acuerdo de que mi pastor me hizo reflexionar y ser más proactivo con respecto a tener metas y luchar por alcanzarlas. Me hizo saber cuáles eran sus expectativas y me llevó a tomar conciencia de las mías en lo referido al ministerio que lideraba.

Dónde estamos hoy_____

Dónde queremos estar_____

¿Qué hizo Jesús?

Mi amigo Sergio Valerga, en su libro *Lo que todo líder debe saber de sus jóvenes* (Editorial Vida, 2012), escribió acerca de 5 pasos que dio Jesús al pastorear a sus jóvenes discípulos, libro que complementa a este que tiene en sus manos y que le ruego que consiga para sus líderes juveniles. Para establecer expectativas correctas, sin lugar a dudas, debemos aprender de Jesús. Así que le expongo estas ideas que desarrolló Sergio, pero en mis propias palabras.

Lo que hizo Jesús debe formar parte de nuestro trabajo y estilo ministerial y también de lo que debemos esperar de los líderes juveniles.

1. Estableció una relación de profunda cercanía

San Juan 15:15 «Ya no los llamo siervos, porque el siervo no está al tanto de lo que hace su amo; los he llamado amigos, porque todo lo que a mi Padre le oí decir se lo he dado a conocer a ustedes».

La relación de Jesús fue creciendo con el paso del tiempo, ya que llegó a llamarlos sus amigos.

Cuando se da una relación cercana en el trato con aquellos a los que deseamos discipular, eso coloca al líder en una posición de vulnerabilidad, pero fortalece a los que son discipulados.

2.- Los formó por medio del ejemplo

El respaldo que la vida de Jesús le daba a su enseñanza produjo un impacto profundo en sus discípulos. Más que cualquier otro elemento, fue su propio carácter y estilo de vida lo que ejerció la más grande influencia sobre sus discípulos. Jesús no solo les enseñó a orar, sino que oró con ellos. No solo les enseñó a perdonar, sino que lo vieron perdonar cuando desde la cruz exclamó: «Perdónalos, Señor, no saben lo que hacen».

Podemos ver en la vida de Jesús que su enfoque en cuanto a formarlos no se basaba tan solo en la enseñanza, sino en vivir y representar esas enseñanzas con su ejemplo.

3. Los miró con los lentes de la fe

Veía a las personas no como lo que eran en ese momento sino como lo que llegarían a ser. Desde el principio los trató como a «pescadores de hombres». Lucas 5:9.

Los envió a expulsar demonios, aunque no siempre tuvieron éxito. Les dio la oportunidad de alimentar a una multitud, pero ellos, atemorizados, no pudieron interpretar el desafío. Los convocó a una vigilia de oración para fortalecerlos en la lucha contra el mal, pero se durmieron. Sin embargo, nunca bajó el nivel de sus expectativas. Él sabía que algún día ellos iban a llegar.

4. Les dio instrucciones y dirección precisa

Mateo 10:5-8: Durante los 3 años que Jesús caminó sobre la tierra, una parte clave de ese tiempo personal de entrenamiento que tuvo con sus discípulos estuvo dedicada a darles el ejemplo y también instrucciones.

Cuando consideramos el tipo de instrucciones que Jesús les daba a sus discípulos, podemos darnos cuenta de que la mayoría de ellas eran simples, claras y también prácticas. Jesús era espiritualmente práctico. Estaba conectado con el Padre pero con los pies sobre la tierra.

5. Los corrigió con paciencia

Cuando leemos los Evangelios, encontramos que Jesús no perdía la paciencia con ellos. Si bien los corrigió y les llamó la atención, vemos que no estaba continuamente señalando sus torpezas. Trató con la situación del momento y después siguió adelante en su relación con ellos. Fue muy paciente y no dejó que los errores que cometían los dejaran sin oportunidades. En todo momento mostró una actitud paciente y llena de misericordia.

Al leer los Evangelios nos encontramos con que para formar a sus discípulos, Jesús:

- Utilizó métodos variados de enseñanza. Lucas 18:9-14
- Tuvo retiros y tiempos especiales con los discípulos. Lucas 22:14
- Se puso como ejemplo. Juan 13:15
- Los dejó llegar a situaciones límite, esperando ver sus reacciones antes de intervenir. Juan 11:21-27
- Utilizó las experiencias de la vida cotidiana. Lucas 17:6
- Les delegó responsabilidades. Lucas 10:1-10
- Los educó a través del ejemplo. Lucas 11:1-4
- Priorizó el estar con ellos. Marcos 3:14
- Les mostró amor y aceptación incondicional. Juan 21:1-19
- Actuó de manera inesperada e insólita. Juan 2:13-22
- Les planteó preguntas difíciles, y a la vez, escuchó sus preguntas. Marcos 5:30-31, Lucas 9:18-20, Marcos 4:10
- Les asignó tareas difíciles. Marcos 6:37
- Les permitió gustar del éxito. Lucas 10:17-20
- Se entregó a ellos como amigo a pesar del costo de su sufrimiento. San Juan 15:15

Mi querido pastor, ha llegado la hora de profesionalizar el ministerio juvenil de su iglesia y llevarlo a un nuevo nivel de eficacia. Y para que eso ocurra, las expectativas deben ser claras y sus líderes deben saber y no suponer lo que se espera de ellos. Aunque inicialmente le parezca exótico, lo animo a que haga su propio «contrato» y se siente con el líder o la líder principal de los jóvenes a hablar acerca de cuál es su compromiso y a establecer una fecha de terminación de su tarea. El compromiso no puede ser «para siempre» y recuerde que 3 años es un periodo prudente para que alguien pueda ganarse la confianza de otros y dejar un legado concreto al frente de un grupo de jóvenes.

MiNiSteRiO iNTerGeNeRacioNaL

5

Un mito arcaico del ministerio juvenil que juntos debemos desterrar es la idea de que el líder de jóvenes ideal es un joven y no un adulto. Yo arranqué en el ministerio siendo prácticamente un adolescente, y probablemente usted comparta un testimonio similar. Pero si recordamos esos años, tenemos que admitir que hubiéramos hecho un trabajo mucho mejor si hubiéramos tenido un mentor que nos protegiese de incurrir en tantos errores como los que cometimos.

Poner a un adolescente al frente de otros adolescentes puede parecer algo natural, pero sin duda resulta peligroso. Sin ser fatalistas, podemos decir que es como poner a un ciego a guiar a otro ciego.

En 1 Timoteo 3: 6 el mismo apóstol Pablo nos exhorta a no poner en el liderazgo a alguien que esté dando sus primeros pasos, no sea que se envanezca y ceda a las tentaciones que justamente ofrece el liderazgo. En esta exhortación de Pablo resulta claro que el apóstol habla de alguien que está al frente y no de alguien que de a poco va asumiendo nuevas responsabilidades.

Yo soy un fiel creyente en que los jóvenes ya están listos para el servicio. Tenemos que aprender a delegar liderazgo en ellos y asignarles tareas de servicio específicas en la iglesia, pero eso es muy distinto a dejarlos solos.
Hoy más que nunca estoy convencido de la necesidad de tener adultos involucrados en el ministerio con los jóve-

nes. La iglesia debe ofrecer modelos alternativos a los que ofrece la sociedad, y los adolescentes en particular necesitan conocer de cerca matrimonios y adultos cristianos que practiquen lo que predicamos y constituyan un modelo de lo que es la madurez cristiana.

La importancia de que los padres sean parte

Volvamos a ampliar un punto que ya mencionamos, pero que resulta vital profundizar. El crecimiento del índice de divorcios y la continua exaltación de modelos negativos por parte de los medios masivos de comunicación hacen que la mayoría de los jóvenes hoy no conozcan de cerca cómo funciona un matrimonio cristiano. Además, debemos recordar que los padres son los líderes naturales que Dios le da a cada nueva generación de jóvenes y adolescentes, y por eso debemos aprender a involucrar a los padres y sobre todo a servirlos. ¿Cómo hacerlo? Más allá de algunas diferentes ideas programáticas hay cuatro ejercicios continuos que podemos llevar a cabo.

- ☐ **Informarlos:** Hacerles saber cuál es el programa y el plan anual del ministerio.
- ☐ **Servirlos:** Ofrecerles ayuda. Los talleres y seminarios sobre cómo tratar a los adolescentes les vienen muy bien.
- ☐ **Estimularlos**: Animarlos a través de palabras elogiosas y de la oración. Es difícil ser padres de adolescentes.
- ☐ **Involucrarlos:** Invitarlos a participar de distintas actividades.

Los líderes más jovencitos naturalmente van a mirar a los padres con sospechas y tenderán a aislarlos en vez de servirlos. ¿Por qué? Porque al ser jovencitos, imaginan que el ministerio juvenil ideal es como un gran grupo de amigos en el que ellos son los héroes y los jóvenes los soldados de su ejército. Por eso necesitamos padres para servir a los padres. Los jóvenes con vocación y capacidades para el liderazgo deben formar un equipo de trabajo. Ellos pueden ser inclusive

Si se trata de una reunión de jóvenes, todo debe ser pensado en función de los jóvenes y no de los adultos involucrados en el ministerio.

los que tomen el micrófono con más frecuencia, pero resulta fundamental que haya adultos maduros y padres involucrados en el ministerio.

Disparadores prácticos

Al comenzar a descubrir la importancia de tener adultos involucrados en el ministerio juvenil y de servir a los padres desde el ministerio, se debe tener cuidado de que esos adultos entiendan que forman parte del ministerio juvenil para servir a los adolescentes y no para servirse a ellos mismos. La música, el horario y las actividades que van a elegir no pueden pensarse desde sus propios gustos. Si se trata de una reunión de jóvenes, todo debe ser pensado en función de los jóvenes y no de los adultos involucrados en el ministerio. Aquí se incluyen algunas

ideas prácticas, como papeles sueltos adentro de una caja, para involucrar a los padres y contar con adultos modelos en el ministerio:

- Hacer una conferencia anual para padres, invitando a algún especialista o psicólogo a hablar de psicología evolutiva del adolescente.
- Dedicar una noche al año a honrar a los padres.
- Llevar a cabo un picnic familiar en el que los adolescentes «presenten» a su familia describiendo a cada miembro con sus palabras.
- Designar padres como encargados del transporte (2 o 3 matrimonios por noche pueden tener a su cargo transportar a los adolescentes que tienen dificultades para llegar a la reunión).
- Tener padres que se encarguen de los refrescos (para que antes de comenzar la reunión o al terminar siempre haya algo para tomar).
- Que un par de padres den testimonio ante la iglesia acerca de lo beneficioso que es que sus hijos participen del grupo de jóvenes.
- Que los padres interpreten una obra de teatro para los hijos.
- Instituir un día anual de ayuno y oración de los padres por los hijos.
- Pedir a los líderes juveniles que presenten un informe bianual ante los padres acerca del crecimiento de sus hijos y de los planes del ministerio juvenil.
- Realizar una entrega anual de premios en la que se

premie a los mejores padres, o en la que los padres entreguen algún premio a los jóvenes.
- Organizar olimpiadas familiares.
- Planear una noche de juegos de hijos contra padres.
- Planificar una tarde de belleza para hijas y madres.

Para obtener más ideas, recomiendo conseguir un pequeño libro práctico que escribí hace unos años, titulado *500 ideas para el ministerio juvenil* (Editorial Vida, 2004).

El equipo ideal

En su «dream team» del ministerio juvenil, usted debería contar con voluntarios jóvenes, mucha participación de los adolescentes, un par de matrimonios y algunos adultos mayores en algún rol secundario. *¿Suena a mucha gente?* Es tanta como usted desee que su ministerio juvenil crezca. Si todo depende de una sola persona, tendrá un ministerio débil. Si levanta un líder fuerte, ayude a ese líder a trabajar en equipo y entender el secreto fundamental que le he contado en este capítulo: **necesitamos adultos en el ministerio juvenil.**

SU LÍDER JUVENIL ES PEOR DE LO QUE USTED SUPONE

6

Una de las disciplinas que produce un gran caudal de conocimiento beneficioso para los pastores y líderes organizacionales es la antropología. Sí. Esta ciencia social estudia al ser humano de manera integral utilizando herramientas y conocimiento producidos por las ciencias naturales, combinados con otras ciencias sociales. Y le cuento algo: lo que muchos desconocen es que existe una antropología bíblica y aún una manera cristiana de hacer antropología, que es cuando además del conocimiento y la observación natural se hace una teología bíblica con lo que se descubre acerca del comportamiento humano. La antropología bíblica parte de la Biblia al hacer una evaluación del ser humano.

Uno de los principales exponentes de la antropología bíblica en años recientes ha sido el profesor Charles Kraft del Seminario Teológico Fuller, de Pasadena, California, con el que tuve oportunidad de estudiar. Kraft dice que una verdad simple que olvidamos con frecuencia es que según la Biblia el ser humano es ni más ni menos que un pecador necesitado de la gracia de Dios (Romanos 3:10, 12).

LA ANTROPOLOGÍA BÍBLICA PARTE DE LA BIBLIA AL HACER UNA EVALUACIÓN DEL SER HUMANO.

Revisamos el Antiguo Testamento, las palabras de Jesús y la teología paulina y nos encontrarnos con una conclusión contundente: el ser humano no puede salvarse a sí mismo y no hay uno solo que haya cumplido o llegue a

cumplir toda la ley. De hecho, la Biblia de las Américas traduce Romanos 5:12 de la siguiente manera:

«Por tanto, tal como el pecado entró en el mundo por un hombre, y la muerte por el pecado, así también la muerte se extendió a todos los hombres, porque todos pecaron».

Si le quedan dudas, considere al mismo Pablo, ya convertido y ya apóstol, escribiendo Romanos 7 y diciendo que no siempre hace lo que quiere hacer y no siempre deja de hacer lo que no quiere hacer.

Hago esta introducción porque el punto es que, sin que importe lo bueno o malo que nos parezca un líder de jóvenes de nuestra iglesia, nunca debemos olvidar que bíblicamente es un pecador necesitado de la gracia de Dios y de la nuestra. Y que usted y yo tenemos que estar listos para restaurarlo con amor cada vez que se equivoque. Al fin y al cabo, también somos sus pastores.

Antes de la caída

Algunas de las historias más tristes que ha vivido la iglesia tiene que ver con líderes que caen en pecado y producen una gran vergüenza al pueblo de Dios. ¿Por qué sucede algo así? ¿Cómo es que llegan a eso? ¿Cómo lo prevenimos?

Aquellos que han vivido de cerca la caída de un líder saben lo que duele. Y más todavía a un niño o a un adolescente. Recuerdo cuando un famoso predicador, muy respetado cuando yo era niño, cayó en adulterio y su caída fue usada por la televisión para burlarse de la iglesia. Todo comienza poco a poco. Mucho antes de que nadie se entere. Empieza con un flojo «sí» en un momento de soledad. Emerge de a poco adentro de un corazón descuidado y no pastoreado.

Dios me ha dado el curioso privilegio de trabajar en muchos sectores del cuerpo de Cristo. He pastoreado en distintos países, para diferentes denominaciones. He trabajado para distintas organizaciones, y hoy viajo por el mundo compartiendo con líderes de todo tipo. Al tener está posibilidad de ver a los hombres en acción, puedo notar los siguientes problemas como potenciales puertas de entrada a una caída estruendosa:

TODOS tenemos una necesidad desesperada de Dios y no podemos confiarnos de nuestra propia justicia.

Líderes que se creen superados

Aun el más respetado ministro de la Palabra tiene que reconocer que es un pecador. Somos pecadores y, a menos que Jesús estuviera equivocado, no hay bueno ni aun uno (Mateo 19:17). Todos tenemos una necesidad desesperada de Dios y no podemos confiarnos de nuestra propia justicia. Generalmente los que actúan como superados

son los principiantes y no los que tienen muchos años a cuestas. «Por lo tanto, si alguien piensa que está firme, tenga cuidado de no caer» (1 Corintios 10:12). El que cree estar exento de pecar, ya abrió una puerta peligrosa. Además, usted sabe que Mr. Satán tiene a los líderes como blanco preferido, y la Biblia es clara al prevenirnos de que el diablo está atento a nuestros pasos y por eso nosotros tenemos que estarlo aun más.

Líderes que están totalmente solos

Usted también sabe que el liderazgo genera soledad, y en el caso del ministerio juvenil, la escena puede ser muy engañosa. Sea porque uno quiera verse perfecto para ascender en la escalera ministerial, que uno se vaya de misión a otro lugar, o que esté en el máximo nivel de una congregación y se haya generado una plataforma desde donde nadie le puede decir nada negativo, por diversas razones, muchos se quedan solos en el liderazgo cristiano. Así que no son pocos los que se han alejado de todo contacto con la civilización y viven en la burbuja de un ministerio unipersonal. El problema es que al llegar la tentación están solos y no tienen de dónde agarrase. Todo en ellos es tan misterioso, secreto y solitario que pronto solo cuentan con su propio criterio para discernir lo que está bien de lo que está mal. Y eso puede resultar muy engañoso. No importa lo elocuente o dinámico que sea un líder, todos necesitamos amigos que nos sostengan, puedan decirnos cuando consideran que estamos equivocados y nos llamen la atención si andamos por terrenos peligrosos.

Líderes que tienen demasiado miedo a reconocer sus debilidades y tentaciones

En muchos círculos cristianos existe el mito del súper líder. Eso fue creado por generaciones anteriores que nunca hablaban de sus debilidades y pecados. Uno los escuchaba y jamás encontraba nada negativo en sus vidas. Todo era ejemplar y no tenían ninguno de los problemas por los que pasan los otros seres humanos (todavía esta costumbre sigue vigente en algunos sectores y sobre todo en la televisión evangélica). Además, esto se ve agravado por ser el único ejército que mata a sus heridos. ¿Cómo? Muchos líderes han visto a otros ser avergonzados por la iglesia porque estaban en pecado, en lugar de recibir ayuda y restauración. Entonces tienen miedo de confesar sus debilidades. Recordemos que Jesús dijo que el que no tenga pecado tire la primera piedra. Un Jesús que estuvo atento a corregir, pero siempre con amor.

NO IMPORTA LO ELOCUENTE O DINÁMICO QUE SEA UN LÍDER, TODOS NECESITAMOS AMIGOS QUE NOS SOSTENGAN.

El camino de salida a este problema es que se levante una generación de líderes con autenticidad y transparencia. Yo soy un pecador y todavía hay cosas de mi carácter que me cuesta controlar. He tomado decisiones equivocadas en el ministerio y muchas veces he actuado por motivaciones erradas. Al reconocer eso, quedo menos expuesto

a crear una barrera de hipocresía que impida que otros demanden cuentas de mi vida y ministerio.

Demasiada exposición sin espacio para poder refrescarse

El ministerio juvenil puede convertirse en una vorágine de actividades y no es fácil ser responsable por el crecimiento espiritual de otras personas. Mucho menos si son idealistas e inmaduras. Algunos líderes pasan todo su tiempo dando, sin hacerse un espacio para recibir. Eso los debilita y fastidia. Muchas de las historias de caídas de líderes dan cuenta de haber ocurrido en un momento en el que tenían las defensas bajas. Y si a la responsabilidad natural del liderazgo le agregamos adolescentes que viven con las hormonas a flor de piel, viajes y una agenda descomunal, el tiempo de refrigerio se necesita con mayor urgencia. Separar tiempo para estar en familia, tomarse unas buenas vacaciones y también nutrirse del ministerio de otros previene el estado de debilitamiento.

El apóstol Pablo nos exhorta:

11 Pónganse toda la armadura de Dios para que puedan hacer frente a las artimañas del diablo. 12 Porque nuestra lucha no es contra *seres humanos, sino contra poderes, contra autoridades, contra potestades que dominan este mundo de tinieblas, contra fuerzas espirituales malignas en las regiones celestiales. 13 Por lo tanto, pónganse toda la armadura de Dios, para que cuando llegue el día malo

puedan resistir hasta el fin con firmeza. [14] Manténganse firmes, ceñidos con el cinturón de la verdad, protegidos por la coraza de justicia, [15] y calzados con la disposición de proclamar el *evangelio de la paz. [16] Además de todo esto, tomen el escudo de la fe, con el cual pueden apagar todas las flechas encendidas del maligno. [17] Tomen el casco de la salvación y la espada del Espíritu, que es la palabra de Dios. (Efesios 6:11-17)

La vieja clave

La clave para salvaguardar nuestra vida y la de nuestros líderes sigue siendo la misma de siempre: perderla para encontrarla. (Marcos 8:35)

Se cuenta que cuando James Calvert fue de misionero a predicar a los caníbales de las Islas Fiji, el capitán del barco intentó disuadirlo, señalando que era una locura esa expedición: «Usted y su equipo van a morir», le dijo el capitán, a lo que el misionero respondió: *«Nosotros ya morimos antes de subirnos al barco».*

SI NO ESTAMOS DISPUESTOS A MORIR A NUESTRO EGO, NO NOS VAMOS A PROTEGER NI A NOSOTROS MISMOS NI A LOS DEMÁS.

Si no estamos dispuestos a morir a nuestro ego, no nos vamos a proteger ni a nosotros mismos ni a los demás.

Tenemos que aceptarlo: todos solemos ser peores de lo que otros piensan (aunque es cierto que también podemos ser mejores de lo que los demás creen) y eso debe hacer que nos revistamos de misericordia. Hoy es tiempo de que los cristianos perdamos el miedo a admitir nuestras imperfecciones, nos bajemos de la tarima y caminemos al lado de la gente que nos necesita. No solo como guías del camino espiritual sino como acompañantes.

En setenta y tres poemas David reveló sus debilidades al mundo y el mundo es mucho mejor por eso. Con cinco heridas, Jesús quitó las dudas de Tomás y el mundo resulta mucho mejor por eso.

Hudson Taylor, el gran misionero británico que cambió la historia de las misiones en China, escribió: «Pienso muy seguido que Dios debe haber estado buscando a alguien muy pequeño y muy débil cuando me encontró a mí». ¿Y no es eso lo que debemos pensar todos los que estamos en el ministerio?

EL SECRETO QUE SIEMPRE PRODUCE LOS MEJORES RESULTADOS

7

Si hay algo que resulte más vital para un pastor que contar con la habilidad para amar a las personas y comunicar todo el consejo de Dios, es la capacidad de encontrar y multiplicar esa habilidad en otros. Los mejores líderes siempre multiplican su liderazgo en otras personas. Y déjeme contarle algo: Los pastores de las iglesias de mayor crecimiento suelen prestarle mucha atención a multiplicar su liderazgo en líderes para las nuevas generaciones.

Los pastores de las iglesias más relevantes de Iberoamérica tienen un secreto: saben motivar a sus líderes juveniles porque entienden la singularidad estratégica de la tarea que estos tienen en sus manos y lo difícil del desafío que enfrentan hoy.

Una historia común

Sergio y Andrea volvían felices del campamento de fin de semana al que habían logrado llevar a 100 adolescentes. La última noche había sido lo que se suele llamar una noche de consagración, y los jóvenes habían reaccionado mejor de lo esperado. El toque de Dios había resultado notable y el Espíritu Santo se había manifestado poderosamente durante todo el campamento.

Mientras regresaban en tres buses rentados para la ocasión, los jóvenes iban cantando alabanzas al Señor con mucha alegría, pero en el fondo de uno de los buses un par de chicos se habían quedado dormidos y algunos a su alrededor les comenzaron a dibujar barbas con crema de

afeitar. Uno de ellos se despertó violentamente y le pegó mucho más fuerte de lo que hubiera querido a otro, lo que hizo enojar al otro y comenzó una pelea entre ambos, en la que una chica que quiso detenerlos terminó con el ojo en compota. A los pocos minutos la pelea había quedado en la nada, pero el ojo de la chica se veía muy hinchado y ella comenzó a llorar justo en el momento de acercarse a la iglesia.

Al llegar con los buses a la puerta del templo, se encontraron con muchos padres esperando a sus hijos. Y allí, en primera fila, estaba la hermana María Gutiérrez, madre de Josefina, la chica golpeada por la trompada perdida. La hermana Gutiérrez era diabolisa, perdón, «diaconisa» y ya en varias ocasiones había tenido altercados con Sergio y Andrea, que hasta ese momento desconocían acerca del ojo negro de Josefina por encontrarse en otro de los buses. Imagine lo que siguió. La madre, al ver a su hija todavía llorando y con el ojo así, comenzó a llamar a gritos a Sergio y Andrea delante de los otros padres. Sergio y Andrea, que tardaron unos minutos en entender lo que había ocurrido, hasta que el encargado de ese bus se los explicó, no supieron cómo reaccionar y comenzaron a descargar en aquella señora las quejas que tenían con respecto a ella a causa de otras ocasiones. Pronto la discusión subió de tono, y aunque Josefina intentaba explicarle a su madre lo que había sucedido, doña Gutiérrez ya le había suministrado a esos líderes un repertorio de «lecciones» con respecto a lo irresponsables que eran cuando llegó la esposa del pastor, que era íntima amiga de doña Gutiérrez. Lo que siguió aún pertenece al ámbito de las leyendas de esa iglesia y es la razón principal por la que hoy Sergio y Andrea no lideran adolescentes.

Un ministerio ingrato

Ya dijimos que los adolescentes raramente dicen gracias y que los padres, como doña Gutiérrez, pretenden que los líderes de jóvenes nunca tengan un problema con sus hijos. Eso difícilmente vaya a cambiar, por la misma naturaleza de los adolescentes y también por el rol de los padres. Pero los que sí podemos ayudar somos los pastores.

En el ministerio nunca recibimos suficiente estímulo. Se supone que lo damos más que recibirlo, pero todos estamos siempre sedientos de más. Y yo lo confieso: me encanta que alguien se dé cuenta cuando realizo algún esfuerzo. ¿A usted no? A nuestros líderes de jóvenes también y más cuando trabajan con un grupo humano como los adolescentes, que no son por naturaleza dados a las palabras elogiosas...

> **EN EL MINISTERIO NUNCA RECIBIMOS SUFICIENTE ESTÍMULO. SE SUPONE QUE LO DAMOS MÁS QUE RECIBIRLO, PERO TODOS ESTAMOS SIEMPRE SEDIENTOS DE MÁS.**

La sociedad de hoy se lo pasa rebajando a las personas.

Los medios masivos de comunicación nos hacen creer, desde que somos adolescentes, que no tenemos lo suficiente hasta que nos compramos determinado producto o usamos determinada moda. Durante ese período, que todos hemos pasado, los compañeros de escuela tienen la burla en la punta de la lengua, y muchas veces los padres se encargan de agregar negatividad. Por eso, alguien que haga sentir a las personas mejor con respecto a ellas mismas (que les muestre aprecio y estima) es siempre bienvenido. Hay algunos valores, actitudes y aptitudes que constantemente deberíamos aplaudir y reafirmar en aquellos que lideran, si queremos que desarrollen todo su potencial y se mantengan en crecimiento. Aquí incluyo una lista de pequeños detalles que suelen pasar desapercibidos y quedar sin estímulo, pero que resultan importantes en el ministerio y nos pueden ayudar a compensar mil discordias y problemas:

- disponibilidad
- honestidad
- obediencia
- sentido del humor
- fidelidad
- puntualidad
- esfuerzo extra
- voz fuerte
- sonrisa
- buenos modales
- disposición

- flexibilidad
- conocimiento general
- conocimiento bíblico
- humildad
- habilidad para ejecutar algún instrumento
- habilidad para hacer que otros se sientan mejor
- iniciativa en cuanto a acercarse a los nuevos
- capacidad de integrar a los marginados
- sabiduría para lograr la confianza de los padres

Resalte estas aptitudes en sus líderes y verá que crece su influencia sobre ellos, su autoridad se afirma y aumenta, y sus líderes realizan un mejor trabajo.

Que nuestras orejas se mantengan activas

No pasa por lo que decimos sino por el simple ejercicio de escuchar. Los líderes evangélicos somos tan propensos a hablar que nos cuesta demasiado escuchar. Esta es una de las falencias más marcadas en muchos líderes cristianos y uno de los mayores creadores de conflicto entre pastores y líderes juveniles.

HAY ALGUNOS VALORES, ACTITUDES Y APTITUDES QUE CONSTANTEMENTE DEBERÍAMOS APLAUDIR Y REAFIRMAR EN AQUELLOS QUE LIDERAN.

¿Se ha preguntado por qué Dios nos ha dado dos oídos y solo una boca? ¡Evidentemente quería que el hombre

escuchara el doble de lo que habla! La Biblia dice: «*Por esto, mis amados hermanos, todo hombre sea pronto para oír, tardo para hablar, tardo para airarse*» (Santiago 1:19). Algunos, aun cuando se encuentran en situaciones difíciles y pueden recibir un consejo, no escuchan lo que se les dice porque mientras la otra persona habla, ellos ya están pensando lo que dirán después. Frase dura en puerta: «*Si no podemos escuchar a alguien en necesidad, al cual vemos, ¿cómo vamos a escuchar a Dios, a quién no vemos?*». La mayoría de los líderes juveniles están altamente necesitados de que alguien también los escuche, y la buena noticia es que solo escuchando un poquito más podemos mejorar muchísimo nuestro liderazgo y el de ellos. El simple hecho de escucharlos constituye una herramienta súper poderosa para impactarlos sin hablar. Escuchar activamente no se limita solo a prestar oídos a las palabras, también es necesario estar atentos al lenguaje corporal. Hacer preguntas abiertas o remarcar emociones con frases de empatía como «eso sí debe haber sido terrible» siempre ayuda a que nuestro equipo se sienta bien liderado. Las siguientes son 7 pistas para activar nuestros oídos:

- No desarrolle un complejo mesiánico. Nuestra función no es solucionar todos los problemas, solo debemos escuchar y ayudar en lo que podamos.
- Comprométase con la conversación. No se escape antes de que realmente la conversación haya terminado.

- Repita lo que escucha. Puede decir: *Te escuché decir...* Eso ayuda a que ellos sientan que los está escuchando, a la vez que pueden corregirse si comunicaron algo confusamente.
- Espere su turno. No hable hasta que la otra persona termine de hablar.
- Mire al líder juvenil a la cara.
- Preste atención al lenguaje no verbal. Como decíamos, las posiciones y los gestos a veces hablan mejor que las palabras. Observe las manos. Si está cruzado de brazos se siente inseguro.
- Siga escuchando. Es normal perder el hilo, pero puede retomar la conversación haciendo una pregunta y volviendo a escuchar.

Manténgase en contacto

Cualquier excusa es buena para entrar en contacto con sus líderes de jóvenes fuera del ámbito del templo. Si quiere trabajar en la vida de ellos tiene que hacer algún contacto en lo cotidiano. Use el teléfono, el correo, el e-mail, y se va a sorprender de cuánto más cercano puede volverse. Como un verdadero mentor.

SI QUIERE TRABAJAR EN LA VIDA DE ELLOS TIENE QUE HACER ALGÚN CONTACTO EN LO COTIDIANO.

Hace poco un pastor de Texas me contaba que su ministerio juvenil había mejorado desde que había decidido dejar de ir a «evaluar» la reunión de jóvenes y en cambio dedicar bastante tiempo durante la semana a conversar con su equipo de líderes de jóvenes. Esto hoy se puede hacer por e-mail, por Skype, por facetime, o al menos enviando un twit personal por semana (¡hay tantas redes sociales que se pueden usar!). Conéctese con el líder cuando piense en él sin causa aparente; él lo necesita y usted también. Conéctese con la líder cuando lleve cierto tiempo de no verla. Llámelos cuando haya visto algo sobresaliente en ellos, sea para agradecerles, afirmarlos o animarlos. Conéctese para continuar alguna conversación empezada mucho tiempo atrás.

Utilice frases inteligentes

Existen algunas frases que deben repetírseles constantemente a los líderes juveniles y también, cuando sea posible, directamente a todos los jóvenes. Siempre digo que no hay fórmulas mágicas para un ministerio eficaz. Pero le aseguro que a la larga usar estas frases sí produce un efecto casi mágico.

Se dará cuenta de que algunas de las frases que aparecen abajo se han formulado como preguntas. Precisamente porque el discipulado es más un diálogo que un monólogo.

- ¿Qué crees que te está enseñando Dios?
- Tú puedes hacerlo muy bien.
- No te rindas.

- ¡Qué buena idea!
- Dime más acerca de eso.
- Gracias por escuchar.
- Gracias por ayudar.
- ¿Quieres venir conmigo?
- ¿Cuáles son las consecuencias potenciales?
- ¿Qué es lo que te gusta de él (o de ella)?
- Estamos seguros de que tomarás una buena decisión.
- ¡Qué lindo verte!
- ¿Qué piensan los otros líderes?
- Me gusta tenerte en la iglesia.

Sea genuino y abra su mundo

Los jóvenes están cansados de ver adultos que dicen una cosa y hacen otra. Les hace mal encontrarse con líderes que nunca admiten una debilidad ni reconocen un error. Hace unos días vi por televisión a uno de los ministros cristianos más famosos dar testimonio de la forma en que el Espíritu Santo había venido un día sobre él y en ese momento, instantáneamente, habían muerto todos los pecados en su persona. *Humm... En realidad, ¿qué quería dar a entender este predicador?* Su tono sonaba muy emotivo, y mientras él contaba eso, aparecían imágenes de sus cruzadas, llenas de gente con las manos levantadas y llorando. ¿Cómo dudar de lo que estaba diciendo? Pero piense en aquellas palabras. ¿Era cierto que sus pecados «habían muerto»? ¿Qué significa eso para el oído común? Quiere decir que esa persona no peca y yo

sí. Quiere decir que él ya no lucha contra las tentaciones ni tiene debilidades, y yo sí. Puedo procurar que se me pegue algo de él por un tiempo, pero tarde o temprano llegaré a una de estas dos conclusiones: o él está mintiendo o yo soy un fracaso. Quizás aquel predicador solo confundió sus palabras en esa oportunidad, pero decididamente tenemos que tener cuidado de no comunicar algo que no sea real. Lo dijimos en el capítulo anterior. Admitir que tenemos la misma necesidad de Dios y estamos en la misma búsqueda de Cristo que ellos nos vuelve más reales y cercanos. Es tiempo de que se levante una generación de líderes más sinceros y genuinos y menos dependientes de toda esa parafernalia evangélica. Me refiero a las formas, los títulos y el vocabulario místico.

Dejar que las nuevas generaciones sepan quiénes somos abre muchas puertas. Resulta crucial para que ellos puedan relacionarse con nosotros y con lo que enseñamos ¿Qué tal invitarlos a nuestra casa? ¿Muy invasivo? No nos referimos a todos. En este caso hablamos de su líder de jóvenes o de su equipo principal de líderes de jóvenes. ¿Y si siempre van a su casa y eso no significa nada para ellos? Invítelos a otro lado. A un lugar al que nunca los haya llevado. Eso puede resultar inolvidable y marcar un antes y un después en su relación con ellos.

Recuerdo cuando Fernando y Luis, dos de mis líderes, solían invitarnos a nosotros, su equipo de líderes, a quedarnos a dormir en sus casas. Íbamos con el grupito de los que les ayudábamos a organizar las reuniones y pasábamos unas noches inolvidables. Era curioso notar cómo lograban ellos que nuestras conversaciones fueran de lo chistoso a lo espiritual. ¡Qué impacto tuvieron esas noches en nuestras vidas! Pienso en los amigos que estábamos allí y me doy cuenta de que aunque todos esos adolescentes y líderes emergentes estemos ahora en distintas iglesias y países aún seguimos siendo líderes, e incluso, pastores.

Si sus líderes son solteros, sea de esos adultos que antes reclamábamos como modelos para los jóvenes. Aunque sean líderes, o quizás precisamente por serlo, con más razón necesitan conocer buenos modelos de cerca y su matrimonio es un modelo. Los líderes jóvenes lo están mirando. Una joven líder de nuestro equipo cierta vez me dijo: «Sé que puedo contarte esto por

ADMITIR QUE TENEMOS LA MISMA NECESIDAD DE DIOS Y ESTAMOS EN LA MISMA BÚSQUEDA DE CRISTO QUE ELLOS NOS VUELVE MÁS REALES Y CERCANOS.

la manera en que tratas a tu esposa». Dejémosles que descubran la manera en que la Biblia se relaciona con nuestra vida diaria.

Una vez un pastor me dijo: «*Lucas, tú puedes hacer que tus seguidores te teman, pero yo te recomiendo que lo-*

gres que te amen; vas a lograr mucho más y vas a ser tanto más feliz». Aquel pastor tenía razón. La vía del amor siempre es la más creíble y **no hay amor sin relaciones.** Abrir nuestro mundo sirve para que los jóvenes se identifiquen con nosotros y con lo que enseñamos.

En la gira de capacitación de Especialidades Juveniles, dedicamos especial atención a todos estos consejos y ayudamos a los líderes a trabajar estas prácticas simples pero poderosas en el ministerio juvenil. **Discipular jóvenes es la preciosa aventura de acompañarlos hacia la madurez en Cristo,** y nuestros líderes de jóvenes también necesitan ser motivados y discipulados. Es un ministerio difícil y que demanda sacrificios, tal como el pastorado en general. Los resultados son siempre a largo plazo y muchos de ellos no alcanzan a verse porque el trabajo de los líderes de jóvenes consiste más en prevenir que en curar. Los líderes juveniles están discipulando a los portadores de la única esperanza para nuestro mundo. Ni más ni menos que los seguidores y representantes del mismo Cristo hoy en la tierra ante su propia generación. Es un privilegio tomar parte cercana en este poderoso proceso, aunque sea que les deleguemos la responsabilidad a los líderes de jóvenes.

Peter Drucker, considerado uno de los máximos especialistas mundiales en la gestión de organizaciones, señaló que ningún ejecutivo sufre a causa de que sus subalternos sean brillantes y eficientes. Usted se beneficia al tener líderes juveniles motivados, contenidos y entusiasmados con las tareas de la iglesia, y tiene en sus manos la posibilidad de ser, en muchas ocasiones, el termostato que puede regular esas emociones en la vida de ellos.

EL CÍRCULO DE CRECIMIENTO

8

La inercia ministerial debe detenerse. Nuestras iglesias necesitan líderes dependientes de Dios y con una visión clara de lo que debe hacerse. Y el punto principal de este libro es que los ministerios juveniles de nuestras iglesias lo necesitan. Podemos lograrlo. Para hacerlo, los pastores debemos «elegir» a los líderes juveniles y pegarnos a ellos a largo plazo. Digo ELEGIR en un sentido volitivo. A propósito. Conscientemente. En oración y con entusiasmo. Elegirlos aunque ya hayan sido elegidos hace tiempo. Elegirlos aun cuando sean la última posibilidad, o aun cuando su elección previa se hubiera realizado por pura casualidad. Elegirlos de nuevo si ya los hubiésemos elegido algunos meses o un año atrás. Ahora tenemos que ELEGIRLOS habiendo leído este libro. Para hacerlo, debemos acordar con ellos una cita fuera de la rutina, mirarlos a los ojos y decirles: *Te elijo como líder de jóvenes de nuestra congregación.* Creo en ti. Quiero que trabajemos juntos en el largo plazo. Necesito tu compromiso en este puesto al menos por 3 años (a menos que ya hiciera mucho tiempo que están allí). Eso sería poner el palo en la rueda. Eso detendría la inercia improductiva.

Continuidad

¿Por qué soy tan específico en cuanto a los 3 años? La posición de líder juvenil es una de las más inestables en el ámbito de las iglesias cristianas. En congregaciones de todo tipo, los líderes de jóvenes no duran más de 2 años en ese puesto. Y lo que resulta más preocupante es que en muchas de esas comunidades lo tomamos como algo

normal, simplemente porque esa es la costumbre que hemos heredado. Que los líderes juveniles permanezcan en su puesto un promedio de 2 años no puede ser algo bueno. Ya señalamos que los jóvenes de hoy viven en un mundo inestable, de cambios constantes, de inconsistencias y zonas grises, en el que se actúa según las emociones del día. La iglesia no puede ser una realidad igual. Los adolescentes de hoy necesitan estabilidad. Programas consistentes. Líderes que se ganen su confianza, que tengan la suficiente paciencia con ellos como para ayudarlos a tomar decisiones coherentes. Los líderes juveniles deberían permanecer en su puesto un plazo largo.

Una y otra vez, al viajar por Hispanoamérica, he notado que diferentes pastores y líderes de jóvenes comienzan a producir sus mejores frutos recién al tercer año de estar al frente de un grupo. Cabe esperar eso porque en el primer año no cuentan con la confianza de nadie como para poder realizar cambios sustanciales en el liderazgo o los programas. Trabajan con estrategias heredadas de los líderes anteriores y si esos líderes también estuvieron poco tiempo y reemplazaron a otros líderes que también estuvieron muy poco tiempo, el grupo ni siquiera tuvo tiempo de establecer lazos fuertes, tradiciones propias, y muy probablemente nadie sepa por qué se realizan las actividades que se llevan a cabo. Todas han sido heredadas de la misma forma en que se han hecho por años. Pero no son tradiciones que creen identidad ni lazos firmes entre los líderes y los liderados. No hay una memoria común y por ende nadie está del todo seguro sobre a quiénes seguir y por qué. En el primer año, esos líderes pueden obtener ayuda, pero aquellos que los ayudan raramente lo hacen por lealtad y con genuina sujeción. Eso no se hereda sino que se gana, y los líderes juveniles necesitan alcanzar estabilidad. Recién en el segundo año el o la líder comienzan a contar con la ayuda de otras personas que sinceramente quieren formar parte del equipo de trabajo de los líderes de jóvenes.

Delegue responsabilidades y no trabajo

Los líderes que se sienten seguros de haber sido «elegidos» trabajan en colaboración y no por competencia, ya que están seguros de su llamado, de su Dios y de usted. Notemos la diferencia en su manera de actuar:

Líderes Inseguros	Líderes Seguros
• Ven a los demás como competencia	• Ven a los demás como posibles colaboradores
• Se concentran en sus propias habilidades	• Se concentran en desarrollar las habilidades de los demás
• Se concentran en sus gustos ministeriales	• Se suman a la visión congregacional
• Se enojan fácilmente	• Se divierten fácilmente
• Critican demasiado	• Siempre tienen palabras de ánimo
• Les basta con sus victorias	• Procuran el crecimiento de la iglesia

Para que esto ocurra resulta indispensable que se sientan «a cargo». Por eso es fundamental que como pastor general usted se esfuerce en delegar responsabilidades y no trabajo. ¿Cuál es la diferencia? A veces es algo sutil. La diferencia tiene más que ver con una cuestión de actitudes y motivaciones. Si lo que usted pretende es simplemente sacarse de encima una tarea, su líder lo va a notar. Si lo que quiere en cambio es contar con alguien responsable para que usted se pueda ocupar de otra cosa, también su líder lo notará. En otras ocasiones, la diferencia está en la libertad que usted concede al delegar la tarea. Si es usted el que determina el resultado que persigue y también la manera de llegar a él, probablemente esté tendiendo a delegar trabajo. Si en cambio define el resultado pero le da libertad a su liderado para llegar a ese resultado con su capacidad y creatividad propia, entonces está delegando responsabilidades.

Resultados extraordinarios

Seguramente habrá observado que los líderes de jóvenes muestran en general una tendencia pragmática y se orientan hacia los programas. Siendo en su mayoría jóvenes con un potencial de desarrollo, muchas veces procuran «hacer» y pierden de vista el «ser». Por esa razón, la mejor manera de asegurarse de que sigan creciendo y alcancen los resultados que esperamos es convertirnos en sus mentores. Sí. Más que jefes, supervisores, jueces o administradores, ellos necesitan mentores. Personas que entiendan que el verdadero ministerio siempre fluye más a partir de lo que somos que de lo que hacemos, y que los protejan para que esa no se convierta en su principal trampa dentro del crecimiento ministerial.

Hoy se habla de mentoreo y de coaching (que es una disciplina que puede darse dentro del mentoreo y tiene que ver con desarrollar tareas específicas más que con la persona de manera integral) mucho más que hace algunos años y eso es fantástico. En resumen, casi todo libro o profesional conocedor del tema está de acuerdo en que hay cinco formas en las que un mentor facilita el crecimiento de nuevos líderes.

POR ESA RAZÓN, LA MEJOR MANERA DE ASEGURARSE DE QUE SIGAN CRECIENDO Y ALCANCEN LOS RESULTADOS QUE ESPERAMOS ES CONVERTIRNOS EN SUS MENTORES.

a. Invirtiendo

Un viejo comediante argentino solía bromear en uno de sus sketches más famosos diciendo que para ganar había que invertir. Y creo que todos tenemos que concordar con él. Nuestros líderes de jóvenes necesitan que invirtamos tiempo y aun dinero en su desarrollo. Si usted nunca se planteó la posibilidad de becarlo para que reciba capacitación especializada en el liderazgo juvenil, le menciono que esa puede ser una de las mejores decisiones prácticas a tomar en este mismo instante. Esté atento a las capacitaciones para líderes ju-

veniles que se brinden en su área y asegúrese de que sus líderes participen. ¡Vamos, no le hará mal que al menos una vez al año les pague para que asistan!

b. Arriesgando

Pocas cosas comunican tanto interés, apoyo y lealtad como que usted se arriesgue por ellos. ¿Cómo hacerlo? La próxima vez que haya una gran discusión entre su líder y otros líderes, póngase del lado del líder de jóvenes. ¿Siempre? Claro que no. Pero hay ocasiones en las que, más allá de lo que se esté discutiendo, resulta estratégico hacerlo. Defiéndalo aun a riesgo de poner en juego su reputación y eso recorrerá muchas millas en el tanque emocional de su líder.

c. Siendo modelo

El ejemplo resulta siempre la mejor escuela. Haga a su líder de jóvenes testigo de alguna sesión de consejería, llévelo a alguna visita hospitalaria o hágase acompañar por él alguna vez que predique en otra congregación. No dé por sentado que su líder de jóvenes ya sabe lo que usted piensa de esas cosas. No le hable al respecto, muéstrele. Y notará el poderoso impacto que eso produce en su aprendizaje.

d. Vinculando

Muy probablemente su líder de jóvenes tenga características de personalidad diferentes de las suyas y quizás también habilidades que usted no tiene. Conecte a su líder con personas que lo puedan conducir al crecimiento en áreas en las que usted no es un especialista ni la persona ideal para ayudarlo. No sea celoso. Vincule a su líder con otros líderes y pastores que lo puedan ayudar a potenciar áreas de su vida mejor que usted. Por ejemplo, si su líder es músico y sueña con grabar un disco, tome la iniciativa de conectarlo con personas que puedan impulsarlo en esa área. Y si a usted le preocupa que por desarrollar otros aspectos de su vida o ministerio su líder vaya a descuidar el ministerio entre los jóvenes, sea claro con él y use una descripción de trabajo. Jamás deje de hacer lo correcto por una sospecha. Si tiene alguna

CONECTE A SU LÍDER CON PERSONAS QUE LO PUEDAN CONDUCIR AL CRECIMIENTO EN ÁREAS EN LAS QUE USTED NO ES UN ESPECIALISTA NI LA PERSONA IDEAL PARA AYUDARLO.

objeción o temor, sea frontal y deje que sus líderes respondan y se comprometan a tener cuidado con aquello que a usted le preocupa.

e. Participando

Participe cuando su líder esté involucrado en actividades especiales, con el solo anhelo de apoyarlo. Aparézcase en un campamento, en una noche especial o en un congreso para sonreír, saludar y darle gracias a ese líder en público. Puede gestar un gran influjo de entusiasmo renova-

do que dure varios meses. Estas participaciones NO son para evaluar ni tampoco para cumplir. Es necesario dejar en claro que participamos para mostrar nuestra cobertura, sin esperar demasiado protagonismo.

Una iglesia radiante

Uno de los monumentos más bellos, pero sin dudas más curiosos, de la historia humana es el Taj Mahal, en la India. Quien lo mandó a construir fue un gobernante desesperado por la muerte de su esposa, que quería honrarla y dejar en claro el amor eterno que sentía por ella. El emperador Shah Jahan contrató a los mejores arquitectos y diseñadores, y no escatimó un céntimo al comprar los materiales. Desde el comienzo de la construcción pasaba todos los días junto al arquitecto principal, revisando cada detalle. Él quería que fuera fastuoso y estaba especialmente interesado en la simetría de cada elemento. El edificio debía ser perfecto. Sin embargo, la historia dice que un día el arquitecto principal se animó a decirle algo que le había preocupado desde el comienzo de la construcción. Señaló que lo que estropeaba el perfecto equilibrio de la edificación era el ataúd ubicado en el centro de la estructura. «Si pudiéramos sacarlo y ponerlo en otra parte, el monumento sería perfecto», le dijo al emperador.

Después de pensarlo unos días, al final el emperador asintió al pedido del arquitecto. En las últimas jornadas se había vuelto tan importante que el monumento resultara simétrico que no podía haber nada que interrumpiera el equilibrio arquitectónico. Se quitó el ataúd y sepultó a su esposa en otro lugar. Lugar que hasta hoy es motivo de discusión entre arqueólogos e historiadores porque nadie está del todo seguro de cuál es.

Esta historia ilustra lo fácil que resulta olvidarnos del por qué hacemos las cosas. Al leer esta historia por primera vez, pensé que constituía una buena metáfora de lo que puede suceder con la iglesia. Podemos trabajar para hacer de ella una gran institución y olvidar en el camino que en realidad de lo que se trata es de servir a la gente para exaltar a Jesucristo.

Cristo ama a la iglesia como su esposa, y el apóstol Pablo nos hace saber:

«Cristo amó a la iglesia y se entregó por ella para hacerla santa. Él la purificó, lavándola con agua mediante la palabra, para presentársela a sí mismo como una iglesia radiante, sin mancha ni arruga ni ninguna otra imperfección, sino santa e intachable». Efesios 5:25-27

La iglesia es el sueño de Jesús. Fue planeada como un organismo y no como una institución. Y debemos reconfigurarla como tal. En otro sentido, la iglesia de Jesucristo es la multinacional más poderosa de la historia del planeta tierra y el factor de justicia social con el mayor potencial de cambio y progreso para los pobres, los marginados y todas las clases sociales por igual.

Lo que resulta claro es que el mundo necesita de la iglesia, y su ciudad necesita que la congregación que usted dirige alcance su potencial. Y por eso, como pastores, debemos trabajar con inteligencia en el terreno más fértil.

Podemos producir cambios sociales y desarrollar el potencial de los miembros del cuerpo de Cristo sembrando en ese terreno fértil que son los menores de edad. Con ellos, prevenimos más que tener que curar. Los niños, y sobre todo los adolescentes, están en el proceso de definir su identidad y este es el momento justo para ayudar a esos seres humanos a establecer valores de vida sanos y positivos, aunque eso requiera una cuota extra de paciencia y de visión de nuestra parte. Por eso necesitamos amar a los líderes juveniles y apoyar su tarea. ¿Se acuerda del concepto del que comenzamos hablando al principio del libo? Sinergia: *Un efecto superior al que resulta de la simple suma de nuestros esfuerzos.*

La sociedad entera depende de lo que hagamos con nuestros ministerios de jóvenes y Dios está más interesado en nuestros adolescentes que nadie más en el universo. No podemos conformarnos con hacer una linda reunión juvenil una vez por semana. Podemos apoyar la dedicación de los líderes juveniles para que se involucren con astucia en la vida de los jóvenes y les ayuden a alcanzar la madurez en Cristo. Y podemos hacerlo cada vez mejor. Dios está de nuestro lado en eso.

BIBLIOGRAFÍA

Bo Boshers, *Student Ministry for the 21st Century*, Zondervan, 1997.

C. W. Brister, *El cuidado pastoral en la iglesia*, Casa Bautista de Publicaciones, 1988.

Frank Viola, *Iglesia Reconfigurada*, Editorial Vida, 2012.

John M. Dettoni, *An Introduction to Youth Ministry*, Zondervan, 1993.

Jonathan Mckee, *Cómo multiplicar tu ministerio*, Especialidades Juveniles, 2008.

Jonathan Mckee, *Do They Run When They See You Coming?*, Zondervan, 2004.

Len Kageler, *How to Expand Your Youth Ministry*, Zondervan, 1996.

Len Kageler, *The Youth Ministry Survival Guide*, Zondervan, 2008.

Lucas Leys, *El ministerio juvenil efectivo*, Especialidades Juveniles, 2003.

Mark Oestreicher, *¡Ayúdenme! Lidero adolescentes de 12 a 15*, Especialidades Juveniles, 2012.

Mark Oestreicher, *Parent´s Guide to Understanding Teenager Brains*, Group, 2012.

Mark Oestreicher, *Ministerio juvenil 3.0*, Especialidades Juveniles, 2011.

Sergio Valerga, *Lo que todo líder debe saber de sus jóvenes*, Especialidades Juveniles, 2012.

Timothy Smith, *El clamor de los jóvenes*, Casa Creación, 2004.

Tom Philips, *Building a Team to Get the Job Done*, Regal Books, 1997.

_____

_____

_____

_____

_____

_____

_____

_____

_____

_____

_____

_____

_____

_____

_____

_____

_____

_____

_____

_____

_____

_____

_____

_____

_____

_____

_____

_____

_____

_____

_____

_____

_____

_____

_____

_____

_____

_____

_____

si
trabajas con
jóvenes
nuestro
deseo es
ayudarte

Ej Especialidades Juveniles.com

Lo que todo líder debe saber de sus jóvenes

Sergio Valerga

Desafía al futuro

Paolo Lacota

101 preguntas difíciles
101 respuestas directas

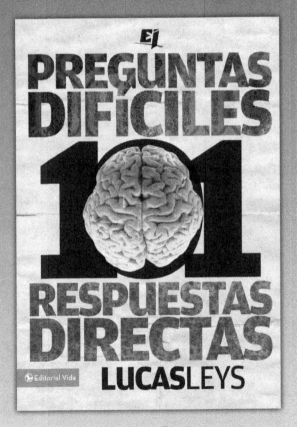

Lucas Leys

Dios te invita a su aventura

Andrés Corrales y Eliezer Ronda

Nos agradaría recibir noticias suyas.
Por favor, envíe sus comentarios
sobre este libro a la dirección
que aparece a continuación.
Muchas gracias.

vida@zondervan.com
www.editorialvida.com